Christian Ofner

Feingebäck vom Ofner

Backen wie der Profi
Band 3

Süße Gebäckspezialitäten aus Österreich

Leopold Stocker Verlag
Graz – Stuttgart

Alle Fotos (falls nicht anderes angegeben):
Kurt Elmleitner (www.kurt-elmleitner.at)

AUF WUNSCH SENDEN WIR IHNEN GERNE KOSTENLOS UNSER VERLAGSVERZEICHNIS ZU:
Leopold Stocker Verlag GmbH
Hofgasse 5
Postfach 438
A-8011 Graz
Tel. +43 (0)316/821636
Fax. +43 (0)316/835612
E-Mail: stocker-verlag@stocker-verlag.com
www.stocker-verlag.com

BIBLIOGRAPHISCHE INFORMATION DER DEUTSCHEN NATIONALBIBLIOTHEK
Die Deutsche Nationalbibliothek verzeichnet diese Publikation in der Deutschen Nationalbibliographie; detaillierte bibliographische Daten sind im Internet über http://dnb.d-nb.de abrufbar.

Hinweis: Dieses Buch wurde auf chlorfrei gebleichtem Papier gedruckt. Die zum Schutz vor Verschmutzung verwendete Einschweißfolie ist aus Polyethylen chlor- und schwefelfrei hergestellt. Diese umweltfreundliche Folie verhält sich grundwasserneutral, ist voll recyclingfähig und verbrennt in Müllverbrennungsanlagen völlig ungiftig.

ISBN 978-3-7020-1539-8

Umschlaggestaltung, Layout und Repro:
Werbeagentur Rypka GmbH, A-8143 Dobl,
Unterberg 58–60, www.rypka.at

Inhaltsverzeichnis

Danksagung

Besonderen Dank möchte ich an erster Stelle meiner lieben Frau Michaela aussprechen. Ohne ihre großartige Unterstützung und vor allem ohne ihren abendlichen Verzicht auf den Ehemann wäre es unmöglich gewesen, in wenigen Wochen dieses Buch zu schreiben. Und auch wenn zu später Stunde die Küche in leichtem Chaos verlassen wurde, gab es stets Unterstützung und Hilfe und nie ein kritisches Wort von meiner Frau. Danke dafür!

Wie auch meine beiden anderen Bücher lebt dieses Werk von den Bildern. Hierfür war wieder mein Freund Kurt Elmleitner verantwortlich. Nächtelang und nicht immer ohne Stress wurde gebacken, fotografiert, gebacken und wieder fotografiert. Schlafentzug und Hitze konnten uns beiden aber nichts anhaben, wir haben es wieder perfekt hinbekommen! Vielen Dank, lieber Kurt!

Bedanken möchte ich mich auch bei Hans Windisch vom Hügellandhof. Hans hat mir für die Bilder und Produktaufnahmen das hochwertige Geschirr, Tischdecken usw. zur Verfügung gestellt. Egal, was auch immer nötig war, der Hans hat geholfen, wann er konnte, sei es mit einer Flasche Wein um Mitternacht, mit hausgemachten Salaten gegen den Hunger oder auch nur mit einem Kurzbesuch und aufmunternden Worten. Danke, Hans! Ohne deine Besuche hätten wir oft nicht so viel zum Lachen gehabt!

Danke auch meinen lieben Facebook Fans, für die Geduld, das enorme Echo auf meine vielen, oft spät abends ausgeschickten Postings, aber vor allem für die Treue! Viele meiner Fans sind wirklich seit der ersten Backprofi-Stunde dabei! Danke!

Zu guter Letzt möchte ich mich auch noch beim Wettergott bedanken. Unglaublich, die Temperaturen im Juli 2015! Aber zumindest der Hefeteig hatte viel Freude damit ;-)

Ihnen, liebe Leserinnen und Leser, danke ich schon im Vorfeld für Ihr Feedback zu den Backergebnissen unter **office@derbackprofi.at** oder **www.facebook.com/ofnerderbackprofi**

Vorwort

Meine lieben Backfans!

Jetzt wird es süß. Aber richtig! In Österreich und Deutschland ist in den vergangenen Jahren ein wahrer Back-Boom ausgelöst worden. Waren es früher eher Mehlspeisen oder Torten, die in den heimischen Küchen gebacken wurden, so wird heutzutage so ziemlich alles gebacken, was für den täglichen Bedarf an Gebäck benötigt wird.

Grund dafür ist mehr oder weniger die Industrie, die uns mit ihren unnötigen Lebensmittelzusatzstoffen, mit Enzymen angereichten Produkten oder fertigen Teiglingen dazu geführt hat, das Backen wieder selbst in die Hand zu nehmen.

Nach den großen Erfolgen meiner beiden Bücher „Kleingebäck“ und „Schwarzbrot“ vom Ofner darf ich nun mein drittes Buch zum Thema „Feingebäck“ präsentieren.

Als „Feingebäck“ werden in der Fachsprache jene Backwaren bezeichnet, für deren Herstellung ein hoher Anteil an Butter und Zucker bezogen auf die Mehlmenge verwendet wird.

Für dieses Buch habe ich wieder versucht, schnelle Rezepte zu kreieren, die einfach und ohne großen Aufwand nachzubacken sind. Die Zutaten dafür findet man in jedem Supermarkt.

Da ich bei der Auswahl meiner Rezepte und Zutaten von meiner Heimat, der Steiermark, mit ihren Traditionen und Produkten stark beeinflusst bin, war es mein Ziel, ein Sammelwerk regionaler, saisonaler Backwaren zu erstellen, die man das ganze Jahr über bzw. zu bestimmten Anlässen im Jahreslauf beim Handwerksbäcker zu kaufen bekommt und die man, wenn man weiß wie, leicht selbst backen kann.

Einige Rezepte sind schon bekannt und wurden auch schon über meine Internetseite verbreitet. Aber nun liegt für alle Fans dieses schöne Buch in Druckform vor und wird hoffentlich viel Freude bereiten.

Ein Thema, das mich ständig beschäftigt, ist das Bäckersterben. Der Beruf des Bäckers ist so wundervoll. Man kann so kreativ sein. Und eigentlich sollten wir auch stolz auf unsere (Brot-)Kultur sein. Aber wie viele Jahre werden wohl noch vergehen, bis auch die letzten Bäcker ihre Rollläden schließen? Wer nicht die Zeit zum Selberbacken hat, sollte sein Brot also unbedingt beim heimischen Bäcker kaufen. So bekommt er garantiert hohe Qualität und trägt darüber hinaus dazu bei, dass dieses wertvolle Handwerk nicht zugrunde geht.

Es war mir ein großes Anliegen, in meinem neuen Buch wieder viele Schritt-für-Schritt-Anleitungen in Form von Bildern zu vermitteln. Zudem gibt es über meinen Youtube-Kanal das eine oder andere Anleitungs-Video zum Nachsehen – so sollte dem Backen zu Hause nichts mehr im Wege stehen.

Ich wünsche Ihnen ganz viel Freude beim Nachbacken!

Christian Ofner
DER BACKPROFI

Einleitung

Allgemeine Informationen zum Thema Backen

Foto: Viktor Mildenberger/pixelio.de

Mehl und Backzutaten

Für fast alle Rezepte in diesem Buch wurde handelsübliches Weizenmehl der Type W480 Universal verwendet; das entspricht in Deutschland der Type 405.

In Österreich unterscheidet man ja abgesehen von der Mehltype zwischen glattem, griffigem und Universal-Mehl. Diese in Deutschland nicht üblichen Begriffe werfen immer wieder Fragen auf. Aber auch wenn es um Mehltypen, Auszugsmehl, Schalenanteile, Vermahlungs- oder Ausmahlungsgrad geht – immer wieder gibt es Unklarheiten. Hier finden Sie die Antworten auf die wichtigsten Fragen zum Thema Mehl.

MEHLSORTE	GER	AUT	VERMAHLUNGS-GRAD
Weizenmehl, bevorzugtes Haushaltsmehl, gute Backeigenschaften	Type 405	Type W480	Universalmehl oder griffiges Mehl
Weizenmehl mit höchster Klebereigenschaft, backstark für feinporige Teige	Type 550	Type W700	glattes Mehl
Weizenmehl dunkel mit höherem Schalenanteil, z. B. für Mischbrote	Type 1050	Type W1600	grob vermahlen
Roggenmehl	Type 997 od. 1150	Type R960 „Normal“	normal vermahlen
Mehle mit vollem Kornanteil haben keine Typenzahl	Vollkornmehl	Vollkornmehl	
Dinkelmehl	Type 630	Type 700	Glatt

Ausmahlungsgrad

Die unterschiedlichen Mehlsorten werden also durch eine Typenzahl gekennzeichnet. Zusätzlich wird der Typenzahl in Österreich die Getreideart W(eizen) oder R(oggen) vorangestellt.

Der Ausmahlungsgrad (Type) gibt den Mineralstoffgehalt des Mehles bekannt. Je niedriger die Typenzahl, desto geringer ist der Ausmahlungsgrad, Mehl mit der niedrigsten Typenzahl wird auch als Auszugsmehl bezeichnet. Je höher der Ausmahlungsgrad, desto dunkler ist das Mehl und desto höher ist der Mineralstoffgehalt.

Vermahlungsgrad

Die Korngröße wird durch den Durchmesser der gemahlenen Teilchen definiert und bedingt natürlich ebenfalls eine unterschiedliche Eignung.

- Schrot (grob zerkleinert)
- Grob- und Feingrieß (grob gemahlen)
- Dunst (zwischen Grieß und Mehl)
- griffiges Mehl enthält noch Dunstanteile (Ö: Type W480; D: Type 405)
- Universal-Mehl liegt von der Korngröße zwischen griffigem und glattem Mehl, hat aber dieselbe Typenzahl wie griffiges Mehl (Ö: Type W480; D: Type 405)
- glattes Mehl ist sehr fein vermahlenes Mehl (Ö: Type W700; D: Type 550), fühlt sich glatt, fein und weich an

Ich verwende am liebsten Universal-Mehl, denn mit dieser Mehlsorte kann man quasi alle Rezepte nachbacken. Außerdem bevorzuge ich Mehle in Bio-Qualität. Achten Sie beim Kauf des Mehles auf heimische, regionale Produkte. Sparen Sie nicht beim Einkauf und geben Sie lieber ein paar Cent mehr für Qualitätsprodukte aus.

Foto: Kochen & Küche

Verwendung von Vollkornmehlen

Selbstverständlich kann man auch mit frisch gemahlenen Vollkornmehlen alle Rezepte einfach nachbacken. In der Regel benötigen aber Vollkornmehle eine höhere Flüssigkeits-Zugabe. Ist das Mehl wirklich ganz frisch gemahlen, kann man davon ausgehen, dass man ca. 10 % mehr an Flüssigkeit benötigt. Ich empfehle, zu Beginn die im Rezept angegebene Menge zu nehmen und den Teig beim Kneten genau zu beobachten. Benötigt er mehr Flüssigkeit, diese ganz langsam und tröpfchenweise nachgeben.

Aus meiner persönlichen Erfahrung würde ich aber davon abraten, ausschließlich reines Vollkornmehl zu verwenden, denn die Backwaren werden damit teilweise recht „schwer“ und gehen auch nicht so gut auf wie mit hellem Mehl. Sehr gute Ergebnisse kann man erzielen, wenn man z. B. 50 % Vollkornmehl und 50 % Auszugsmehl verwendet. Damit gehen die Süßspeisen gut auf, bekommen ein schönes Volumen und sind auch locker.

Wenn man aus gesundheitlichen Gründen nur Vollkornmehle verwenden möchte, spricht natürlich nichts dagegen. Nebenbei möchte ich aber erwähnen, dass fast alle Rezepte einen hohen Zucker- und Buttergehalt aufweisen – und ganz ehrlich: Da macht es auch keinen so großen Unterschied mehr, ob nun mit Vollkornmehl oder mit hellem Mehl gebacken wird. Wer nicht zu viel und nicht zu häufig Feingebäck genießt, muss kein schlechtes Gewissen haben!

Austausch von Weizenmehl gegen Dinkelmehl

Es spricht nichts dagegen, Dinkelmehl statt Weizenmehl zu verwenden. Hierfür gilt es jedoch zu beachten:

- Dinkelmehl ist nicht so resistent wie Weizenmehl. Daher die Knetzeit um mindestens 1,5 Minuten reduzieren und nur langsam statt intensiv kneten.
- Vor dem Backen die „Gehzeit“ etwas reduzieren. Hier kann man keine genaue Richtlinie festlegen, diverse Backversuche haben aber gezeigt, dass man Produkte aus Dinkelmehl ca. 10 Minuten früher in den Backofen schieben kann.
- Die Wasseraufnahme von Dinkelmehl hängt natürlich von vielen Faktoren ab. Erfahrungsgemäß nimmt Dinkelmehl der Type 700 etwas weniger Wasser bzw. Milch auf als Weizenmehl. Auch hier gibt es keine exakte Grundregel, da Mehl ein Lebensmittel ist, das sich ständig verändert und vielen Einflüssen der Umwelt ausgesetzt ist.

Verwendete Zutaten bei den Rezepten

Ich verwende bei meinen Rezepten handelsübliche Zutaten, die man in jedem Supermarkt kaufen kann (Mehl, Milch, Butter, Zucker, Eier und Hefe sind die Hauptzutaten in fast allen Rezepten). Wo es mir möglich war, habe ich Bio-Zutaten von heimischen Anbietern verwendet. Hin und wieder ist auch Gerstenmalzmehl in der Zutatenliste zu finden. Wenn man dieses nicht zur Verfügung hat, kann man Honig verwenden.

Verwendung und Backeigenschaften von Zucker

Zucker hat die Hauptaufgabe, den Teig zu süßen. Er ist aber auch als „Nahrung“ für die Hefe sehr wichtig. Daher hat Zucker sowohl Auswirkungen auf den Geschmack als auch auf die Bräunung beim Backen und auf die Konsistenz des Teiges bzw. des Gebäcks. Ich habe bei meinen Rezepten handelsüblichen Bio-Feinkristallzucker verwendet. Aber auch Rohrzucker oder brauner Zucker können gerne verwendet werden. Natürlich kann man die Zuckermenge bei den Rezepten etwas reduzieren. Die Verwendung von Zuckerersatz wie z. B. Birkenzucker ist ebenfalls möglich. Bei der Verwendung von Zuckerersatz unbedingt die Dosierungsvorschriften des jeweiligen Produktes beachten!

Verwendung und Backeigenschaften von Butter

Butter macht den Teig fein und geschmeidig. Für mich ist aber vor allem der Geschmack sehr wichtig. Daher verwende ich immer Butter und nicht Margarine oder andere Fette. Bei Rezepten mit sehr hohem Butteranteil sollte die Butter 2 Stunden vor dem Backen aus dem Kühlschrank genommen werden, damit sie auf keinen Fall zu kalt ist (Ausnahme: Mürbteig, Blätter- und Plunderteig). Vergisst man darauf, die Butter rechtzeitig aus dem Kühlschrank zu nehmen, kann man diese gemeinsam mit der Milch erwärmen. Wenn der Butteranteil sehr hoch ist und zu kalte Butter verwendet wird, kann das negative Auswirkungen auf die Temperatur des Teiges haben.

Verwendung und Backeigenschaften von Eiern

Ich verwende für meine Rezepte Eier der Güteklasse A und der Größe M (Durchschnittsgewicht von ca. 53 g, Eidotter ca. 18 g). Verwendet man Eier, die größer oder kleiner sind, kann das Backergebnis abweichen.

Sie werden auch einige Rezepte finden, wo Sie sich vielleicht die Frage stellen, ob hier nicht die Eier vergessen wurden. Aber keine Sorge, die Angaben stimmen, manche Teige brauchen eben kein Ei! Zugegeben, Hefeteige erhalten durch die Verwendung von Eiern eine schöne, gelbe Farbe. Backversuche haben auch gezeigt, dass Gebäcke mit Ei teilweise mehr Volumen bekommen als ohne. Andererseits können zu viele Eier den Teig trocken machen, wofür im Prinzip das Eiklar verantwortlich ist.

Verwendung und Backeigenschaften von Milch

Ob ein Teig mit Milch oder mit Wasser hergestellt wird, ergibt einen deutlichen Unterschied! Gebäcke mit Milch als Teigzutat gehen besser auf, bräunen besser, haben auch eine feinere Krume, einen besseren Geschmack und bleiben länger frisch.

Teige, die mit Milch zubereitet werden, müssen jedoch intensiver geknetet werden. Für die Rezepte wird lauwarme Milch benötigt, diese sollte aber auf keinen Fall zu heiß sein! In den Zutatenlisten bei den Rezepten finden Sie Temperaturempfehlungen. Sie müssen sich aber nicht extra ein Thermometer zulegen. Die Hauptregel besagt, dass die Milch leicht temperiert, aber eben nicht zu heiß sein soll. Ich habe handelsübliche Bio-Vollmilch (3,5 % Fett) verwendet. Wer laktosefreie Milch verwenden möchte, kann die Vollmilch 1:1 durch laktosefreie Milch austauschen.

Foto: Gänseblümchen/pixelio.de

Aromen und Gewürze

Bei einigen Rezepten verwende ich abgeriebene Schale von Zitronen und Orangen. Hierbei sollte man beachten, dass die Schale der Zitrusfrüchte zum Verzehr geeignet ist. Aber auch die Verwendung von anderen Aromen ist zulässig. Im Prinzip sind der Kreativität keine Grenzen gesetzt. So kann ein Hefeteig sehr schmackhaft sein, wenn man Anis, Zimt oder andere herzhafte Gewürze beimengt.

Verwendung von Rum in den Rezepten

Hin und wieder findet sich Rum bei den Teigzutaten. Ich habe Haushaltsrum (38 % Alkohol) verwendet. Möchte man keinen Rum beimengen, ist bei der Flüssigkeitszugabe diese Menge zu ergänzen.

Frische Hefe oder Trockenhefe

Ich habe bei allen Rezepten in diesem Buch ausschließlich frische Hefe verwendet. Ich bin zwar ein großer Fan von Trockenhefe, aber die meisten Feinbackwaren haben einen sehr hohen Zucker- und Buttergehalt, und in diesem Fall ist die Triebkraft von frischer Hefe eindeutig besser. Die Herstellung eines „Dampfls" (Vorteiges) ist aber nicht notwendig. Die frische Hefe wird einfach nur mit den Fingern leicht zerbröselt und zu den übrigen Zutaten gegeben. Auch wenn die Hefe mit dem Salz in Berührung kommt, ist das nicht so schlimm. Wird der Teig relativ rasch geknetet, hat dies keine negativen Auswirkungen und der Teig geht trotzdem schön auf.

Jedoch muss die Hefe immer wirklich frisch sein. Schon beim Öffnen der Verpackung sollte man darauf achten, dass sie einen typischen, frischen Geruch hat und keinerlei Verfärbungen zu sehen sind.

Jetzt backen wir es an!

Wichtigste Grundregel beim Backprofi: genaues Wiegen, Messen und Arbeiten, deshalb sollte man alle Backzutaten mithilfe einer grammgenauen Waage dosieren. Am besten funktioniert das Wiegen, wenn alle Backzutaten separat abgewogen werden. Bei Hefeteigen ist außerdem auf temperierte Backzutaten zu achten (dies ist vor allem in der kalten Jahreszeit wichtig, wenn z. B. nach dem Einkaufen Backzutaten für längere Zeit im kalten Fahrzeug waren). Das Mehl sollte unbedingt Raumtemperatur haben, die Butter mindestens 1–2 Stunden vor Verwendung aus dem Kühlschrank genommen und die Milch leicht erwärmt werden.

Kneten mit der Küchenmaschine

Viele sind bereits im Besitz einer Küchenmaschine, was das Kneten von Teigen zu einem Kinderspiel macht. Die ersten 2–3 Minuten sollte die Maschine in der Regel nur langsam rühren, damit sich die Zutaten gut vermengen und das Mehl das Wasser langsam binden kann. Die restliche Zeit den Teig dann etwas intensiver kneten. Aber auch

hier reicht es vollkommen aus, die Küchenmaschine nur ein wenig schneller zu schalten. Ein Teig braucht seine Zeit, bis er gut durchgeknetet ist. Im Schnitt sind das etwa 10 Minuten. Auf keinen Fall bei höchster Stufe kneten!

Ich habe meine Teige mit einem Kenwood Cooking Chef zubereitet. Der Vorteil dieser Maschine ist die eingebaute Induktion. Während des Knetens kann man die Heizfunktion zusätzlich auf etwa 36 °C einschalten. Nach dem Kneten kann man den Teig in der Maschine bei angenehmen 36 °C gehen lassen.

Kneten mit dem Handmixer

Mit den Knethaken des Handmixers lassen sich Teige gut kneten. Hierbei kann es aber immer wieder vorkommen, dass der Mixer überhitzt und nach kurzer Zeit nicht mehr ordentlich rührt. Damit das nicht passiert, kann man die Zutaten zuerst mit dem Handmixer gut verrühren und anschließend den Teig mit der Hand fertig kneten.

Kneten mit der Hand

Wenn man weder eine Küchenmaschine noch einen Handmixer besitzt, kann man den Teig mit der Hand kneten. Wichtig dabei ist, mit so wenig zusätzlichem Mehl wie möglich auszukommen. Mit der Hand muss man einen Teig mindestens 10 Minuten intensiv kneten, bis er ganz glatt ist. Bei sehr weichen Teigen empfiehlt sich das Rühren (Schlagen) mit einem großen Kochlöffel.

Teigruhe nach dem Kneten

Fast alle Teige muss man nach dem Kneten rasten lassen, und das am besten zugedeckt, damit sie an der Oberfläche nicht austrocknen. Es reicht in der Regel aus, wenn dies bei Raumtemperatur geschieht (Ausnahmen sind Mürb-, Blätter- und Plunderteig, die man im Kühlschrank rasten lässt). Ist aber die Raumtemperatur relativ niedrig (vor allem in der Übergangszeit, wenn noch nicht geheizt wird), kann man Hefeteig z. B. im auf ca. 40 °C vorgewärmten Backofen gehen lassen.

Füllungen – Zubereitung und Handhabung

Füllungen nicht zu fest abrühren, falls nötig, mit etwas Milch streichfähig machen. Ist die Füllung zu weich, mit süßen Bröseln (z. B. von Biskotten) etwas binden.

Zuerst immer die Milch erwärmen, dann die restlichen Zutaten beimengen (die Zuckermenge kann nach eigenem Geschmack reduziert werden), kurz durchrühren und auskühlen lassen. Die Füllungen immer etwas ziehen lassen. Vor allem Topfenfüllungen können nach dem Zubereiten noch mindestens 30 Minuten im Kühlschrank rasten, bevor sie verwendet werden.

Aufarbeiten und Formen

Hat sich der Teig nach dem Kneten entspannt, kann mit der Aufarbeitung begonnen werden. Die Arbeitsfläche hierfür ganz leicht mit Mehl bestauben (bei zu viel Mehl ist es relativ schwierig, den Teig gut weiterzuverarbeiten).

Besonders gut lässt sich der Teig formen, wenn die Teigoberfläche mit einer Sprühflasche oder einem feuchten Tuch ganz leicht befeuchtet wird.

Schleifen oder Wirken?

Spricht man vom Schleifen, dann werden relativ kleine Teigstücke rund geformt, also geschliffen. Ausgangsbasis von vielen Gebäckstücken sind geschliffene Teigkugeln. Um diese herzustellen, muss man den Teig zuerst in Stücke (Teiglinge) teilen und die Stücke anschließend rund formen. Das funktioniert sehr gut auf einer ganz leicht bemehlten Arbeitsplatte (nicht zu viel Mehl verwenden!) oder auch zwischen den leicht feuchten Händen. Etwas Übung ist hier aber auf jeden Fall von Vorteil.

So funktioniert das Schleifen der Teiglinge: Am Anfang das Teigstück mit etwas mehr Druck kreisförmig auf der Arbeitsfläche bewegen. Anschließend den Druck reduzieren und das Teigstück locker in der Hand laufen lassen, bis die Oberfläche sich nach oben wölbt und schön glatt ist. Die Teigkugel aber nicht „überschleifen". Bei sehr weichen Teigen etwas mehr Mehl zum Schleifen verwenden oder die Teigkugeln in der Hand schleifen, als ob man einen Knödel formen würde. Ist die Teigkugel fertig geformt, benötigt sie wiederum etwas Ruhe und Zeit zum Entspannen (mit einem Geschirrtuch oder Bäckerleinen abdecken). Wirken bedeutet, dass ein größeres Teigstück (z. B. für Osterbrot) auf einer ganz leicht bemehlten Arbeitsfläche rund geformt, also gewirkt wird. Am besten das Teigstück von oben beginnend locker in die Mitte einschlagen und dann mit dem Handballen den äußeren Teig immer wieder leicht in die Mitte einschlagen, bis das Teigstück eine einigermaßen runde Form hat, danach den Teig je nach Rezept wieder mit Wasser besprüht oder mit einem feuchten Tuch zugedeckt rasten lassen. Diese Entspannungszeit ist sehr wichtig für die weitere Aufarbeitung, weil der Teig ohne Rasten nicht elastisch wird und nur schwer auszurollen wäre.

Aufarbeiten

Zum Aufarbeiten des Teiges oder der Teiglinge werden hin und wieder einige Utensilien benötigt. Diverse Reindl (= flache Kochtöpfe) oder Kastenformen, eine Teigkarte zum Abstechen kleinerer Teigstücke, Lineal oder Maßband, Teigmesser, Pinsel ... im Prinzip lauter einfache Gegenstände, die sich bei vielen in der Haushaltslade wiederfinden. Die Arbeitsfläche zum Aufarbeiten des Teiges immer ganz leicht bemehlen. Ist das Gebäck fertig geformt, braucht es meist noch einige Zeit zum Gehen. Diese zweite oder teilweise sogar dritte Gehzeit ist sehr wichtig, damit das Gebäck auch schön aufgeht.

Gehzeit vor dem Backen

Immer wieder höre ich den Satz: „Die Oma hat gesagt, keine Fenster und Türen aufmachen, damit der Hefeteig schön aufgeht!" Ja, er liebt es, wenn es schön warm ist! Beträgt die Umgebungstemperatur mehr als 30 °C, kann die Hefe im Teig sehr gut arbeiten und für ein tolles Volumen sorgen. Zum Gehenlassen von Hefeteig eignen sich auch eine Wärmelade oder der Backofen sehr gut. Ich lasse vor allem schwere Teige (viel Zucker, viel Butter) gerne im Backofen bei ca. 35–40 °C gehen. Die meisten Backofenmodelle können bereits auf diesen niedrigen Temperaturbereich eingestellt werden. Bei älteren Modellen lässt sich die Temperatur oft erst ab 50 °C einstellen. Ist das der Fall, kann man kurzfristig die Temperatur des Backofens auf die niedrigste Stufe einstellen und immer wieder kurz ein- und ausschalten. Lässt man das Gebäck im Backofen gehen, muss es nicht zusätzlich mit einem Geschirrtuch abgedeckt werden.

Luftfeuchtigkeit

Hefeteig braucht eine höhere Luftfeuchtigkeit als üblicherweise im Raum vorherrscht, damit die Oberfläche des Teiges nicht austrocknet. Der Bäcker in der Backstube hat hierfür eigens einen Gär- oder Klimaschrank, in dem optimale Bedingungen herrschen. Bei manchen Backofenmodellen kann man sogar Dampfstöße auslösen. Ich persönlich bevorzuge aber meine geliebte Sprühflasche, diese reicht vollkommen, um die Oberfläche des Teiges zu befeuchten. Beim Gehenlassen des Teiges im Backofen immer die Funktion Ober-/Unterhitze einstellen, denn bei Heiß- oder Umluft ist der Ventilator im Backofen in Betrieb und lässt die Oberfläche des Teiges rasch austrocknen.

Vorbereiten zum Backen

Grundsätzlich den Backofen immer vorheizen. Die angegebenen Temperaturen sind allesamt Richtwerte. Ich habe alle Rezepte in einem Backofen der Marke Miele DGC XL gebacken. Die Temperatur des Backofens bei Feingebäck nicht zu hoch einstellen, denn durch den vielen Zucker im Teig bzw. das Bestreichen mit Ei färben die Gebäckstücke beim Backen relativ rasch. Auf der mittleren Schiene des Backofens sollte das Gebäck am besten durchbacken.

Heißluft oder Ober-/Unterhitze?

Ich persönlich bin ein großer Fan von Heiß- bzw. Umluft. Ich konnte in den letzten Jahren die Erfahrung machen, dass mit Heißluft das Gebäck gleichmäßiger gebacken wird als mit Ober-/Unterhitze. Grundsätzlich kann jedoch auch mit Ober-/Unterhitze gebacken werden. Wer seinen Backofen regelmäßig in Betrieb hat, weiß aus eigener Erfahrung, welche Temperatur bzw. welche Backfunktion für ein gleichmäßigeres Backergebnis sorgt. Färbt das Gebäck ungleichmäßig, am besten das Backblech einmal umdrehen.

Backen mit Dampf

Wird Feingebäck vor dem Backen nicht mit Ei bestrichen, wird „mit viel Dampf" gebacken. Moderne Backöfen können bereits die gewünschte Luftfeuchtigkeit beim Backen erzeugen (bei verschiedenen Backöfen auf unterschiedliche Weise einzustellen, z. B. durch Prozentangabe oder mit Dampfstößen), was ein ganz großer Vorteil ist. Wer einen Combi-Dampfgarer besitzt, kann während der ganzen Backzeit (sofern laut Rezept Dampf zum Backen empfohlen ist) mit 100 % Feuchte backen. Wer ein Gerät mit der Funktion „Klimagaren" hat, kann von Beginn an einen Dampfstoß auslösen (maximal dreimal). Je nach Gerätetyp findet man die richtige Anleitung normalerweise bei den Herstellerangaben bzw. in der Beschreibung.

Durch das Backen mit Dampf bekommt das Gebäck eine glänzende Farbe, kann besser aufgehen, wird saftiger und bekommt eine zarte Kruste (Rösche) mit mehr Geschmack. Wenn Sie ohne Dampf backen, wird das Gebäck sehr trocken und bekommt eine trockene, raue Oberfläche.

Backen mit Dampf und ohne hochmodernen Backofen ist ganz einfach: Sobald Sie den Backofen vorheizen, stellen Sie ein hitzebeständiges Gefäß in den Backofen. Wenn Sie das Backgut in den Ofen schieben, gießen Sie Wasser in das aufgeheizte Gefäß. Sie können ruhig eine große Menge Wasser oder Eiswürfel verwenden. Vor dem Backen zusätzlich das Gebäck gut mit Wasser besprühen.

Backbleche mit Löchern

Backbleche mit Löchern, sogenannte Lochbleche, eignen sich hervorragend zum Backen aller Arten von Gebäck. Wenn die Gebäckstücke mit Ei bestrichen werden, das Lochblech auf jeden Fall mit Backpapier auslegen. Trotz Backpapier kommt genügend Hitze durch die vorhandenen Löcher und das Gebäck wird sehr gut durchgebacken.

Verwendung von Backpapier

Handelsübliches Backpapier ist in der Regel immer größer zugeschnitten als das Backblech selbst. Daher ist es zu empfehlen, dieses auf beiden Seiten etwas einzufalten, damit es die gleiche Größe wie das Backblech hat. Ansonsten kann es vorkommen, dass das zu große Backpapier beim Backen das Gebäck abdeckt und dieses daher nicht gleichmäßig gebräunt wird.

Abstand beim Backen am Blech

Lassen Sie auf dem Backblech zwischen den Teigstücken stets genügend Abstand. Die Teiglinge dürfen nicht zu knapp nebeneinander liegen, damit sich die Hitze gleichmäßig verteilen kann. Bevor Sie die Teiglinge zu eng auflegen, verwenden Sie lieber ein zweites Blech. Wenn zwei Bleche gleichzeitig im Backofen sind, immer mit Heißluft backen! Außerdem verlängert sich die Backzeit um einige Minuten. Beim Backen sollten Sie beachten, nach ungefähr zwei Drittel der Backzeit die Position der Bleche zu vertauschen (das obere Blech auf die untere Schiene und umgekehrt).

Backen mit leicht geöffneter Backofentüre

Viele Gebäckstücke werden vor dem Backen mit Ei bzw. einer Ei-Milch-Mischung bestrichen. Das Ei verleiht dem Gebäck einen schönen Glanz. Der Nachteil ist aber auch, dass diese Gebäckstücke während des Backens relativ schnell dunkel werden können. Der Bäcker hat bei seinen großen Backöfen in der Backstube die Möglichkeit, mit offenem Zug zu backen. Das ist eine spezielle Funktion, die der Backofen zu Hause üblicherweise nicht hat. Ich helfe mir in diesem Falle so, dass ich mithilfe einer Gabel die Backofentüre ganz minimal öffne. Dadurch kann die scharfe Hitze entweichen, und das Gebäck bekommt nicht zu schnell Farbe. Manchmal muss man bei dieser Methode die Backzeit um einige Minuten verlängern. Einige Backöfen lassen sich nicht in Betrieb nehmen, wenn die Tür einen Spalt geöffnet ist. In diesem Falle dann eben bei geschlossener Tür backen.

Auskühlen

Gebäck immer gut auskühlen lassen! Nach dem Backen auf einen Rost geben, damit von unten ein Luftaustausch stattfinden kann (auf dem Backblech kann es vorkommen, dass die fertigen Gebäckstücke zu schwitzen beginnen und an der Unterseite feucht werden). Wird das Feingebäck in einem Reindl oder in einer Kastenform gebacken, muss es sofort nach dem Backen aus der Form genommen werden.

Lagerung von Feingebäck

Durch den hohen Buttergehalt bleibt Feingebäck lange haltbar, wenn es z. B. in Frischhaltefolie eingewickelt ist und bei Raumtemperatur gelagert wird. Die Lagerung im

Kühlschrank ist nicht zu empfehlen, da bei den kühlen Temperaturen der Abbau von Stärke beschleunigt und das Gebäck daher schnell trocken wird und fad schmeckt.

Einfrieren und Auftauen von Feingebäck

Feingebäck eignet sich sehr gut zum Einfrieren: Dafür die Gebäckstücke gut auskühlen lassen und in einen Gefrierbeutel geben, gut verschließen und im Tiefkühler lagern.

Zum Auftauen das Gebäck aus dem Tiefkühlschrank nehmen und im Gefrierbeutel über Nacht langsam bei Raumtemperatur auftauen lassen.
Braucht man ganz schnell Gebäck aus dem Tiefkühler, kann man das Gebäck noch im gefrorenen Zustand langsam bei 100 °C im Backofen auftauen. Die Auftauzeit richtet sich natürlich nach der Größe der Gebäckstücke.

Backen mit Fett

Am einfachsten ist es, Gebäckstücke in einer Fritteuse auszubacken. Eine Fritteuse hat einen Thermostat, der das Überprüfen der empfohlenen Temperatur erleichtert. Wird das Gebäck in einem Topf auf der Herdplatte ausgebacken, die Fetttemperatur mit einem Thermometer kontrollieren!

Tipps für das Backen mit Fett

- Für gutes Gelingen spezielles und vor allem hitzebeständiges Pflanzenfett oder Frittieröl verwenden.
- Das Fett immer langsam und in kleinen Schritten erwärmen (zuerst ca. 10 Minuten bei 60–80 °C erwärmen, dann langsam hochschalten).
- Backwaren vor dem Backen von überschüssigem Mehl befreien (mit einem kleinen Mehlbesen oder einem Pinsel).
- Die optimale Fetttemperatur liegt bei etwa 165 °C. Ist das Fett noch zu kühl, gart das Gebäck zu langsam und nimmt zu viel Fett auf. Ist das Fett zu heiß, färbt das Gebäck beim Backen zu schnell und ist innen noch nicht durch.
- Fett nicht zu oft verwenden. Sobald das Frittieröl dunkel oder dickflüssig ist, zu schäumen beginnt oder unangenehm riecht, ordnungsgemäß entsorgen!
- Nach dem Backen die Backwaren auf einer Küchenrolle immer gut abtropfen lassen.
- Generell besondere Vorsicht beim Backen mit heißem Fett walten lassen! Verbrennungsgefahr!

Zu guter Letzt …

- Lassen Sie sich Zeit beim Backen, lesen Sie vor Beginn des Backens alle Rezeptschritte genau durch!
- Halten Sie sich genau an die Angaben im Rezept und benutzen Sie unbedingt eine grammgenaue Küchenwaage!
- Achten Sie darauf, immer temperierte Milch zu verwenden!

- Alle verwendeten Zutaten sollten Raumtemperatur haben, insbesondere die verwendete Butter (Ausnahmen sind wie bereits erwähnt Mürbteig, Blätter- und Plunderteig)!
- Die Teigkonsistenz ist abhängig von der Wasseraufnahme des Mehles. Grundsätzlich sollen die Teige relativ weich geführt werden.
- Beobachten Sie den Teig beim Kneten! Beim Kneten mit der Küchenmaschine kann es vorkommen, dass man je nach Hersteller das Gerät zwischendurch ausschalten und den Teig etwas abputzen muss, wenn er sich nicht gut vom Kesselrand löst.
- Nach dem Kneten den Teig mit einer Teigkarte vom Kesselrand in die Mitte geben.
- Den Teig nach dem Kneten immer mit einem Geschirrtuch abdecken, Zugluft vermeiden!
- Überprüfen Sie hin und wieder die tatsächliche Temperatur des Backofens mit einem Backofenthermometer.
- Färbt Ihr Gebäck beim Backen zu schnell, reduzieren sie sofort die Temperatur!
- Keine Angst vor Hefeteig – seine Herstellung ist mit den Anleitungen in diesem Buch ganz einfach!

Typische Spezialitäten aus Österreich

Kapitel 1

Reindling
nach Backprofi-Art
(Rezept siehe Seite 18)

Reindling
nach Backprofi-Art

(Foto siehe S. 17)

Knetzeit:
3 Minuten langsam,
7 Minuten intensiver,
gesamt 10 Minuten

Teigruhe nach dem Kneten:
30 Minuten

Gehzeit vor dem Backen:
ca. 40 Minuten

Backzeit:
ca. 50 Minuten
bei 160 °C Heißluft oder
170 °C Ober-/Unterhitze

Ein originaler Kärntner Reindling wird in einem „Reindl" (= flacher Topf) gebacken – daher auch der Name. Häufig wird auch eine Gugelhupfform dafür verwendet. Die klassische Füllung für den Kärntner Reindling besteht üblicherweise aus Zimt, Zucker und Rosinen, kann jedoch ganz nach Belieben abgewandelt werden. Der Fantasie und dem persönlichen Geschmack sind dabei keine Grenzen gesetzt.

Zutaten für 1 Reindling (Reindl bzw. Form mit ca. 2 l Inhalt)

TEIG

500 g	Bio-Weizenmehl Type 480 Universal
7 g	Salz
60 g	Bio-Zucker
60 g	Bio-Butter (handwarm)
10 g	Rum
30 g	frische Hefe
270 g	Bio-Milch 36 °C (lauwarm)

FÜLLUNG

50 g	Bio-Butter
180 g	Bio-Zucker (oder Bio-Rohrzucker)
10 g	Bio-Zimt
150 g	Bio-Rosinen (am Vortag mit 20 g Rum und 20 g Wasser angesetzt)

etwas flüssige Butter und
30 g Bio-Zucker für die Form
1 Bio-Ei (Größe M) zum Bestreichen

Zubereitung

- Alle Teigzutaten genau einwiegen und den Teig wie angegeben kneten.
- Den Teig nach dem Kneten auf eine leicht bemehlte Arbeitsfläche geben, leicht rund formen (wirken), mit einem Geschirrtuch abdecken und bei Raumtemperatur 30 Minuten rasten lassen.
- Das Reindl mit flüssiger Butter ausstreichen und zusätzlich mit etwas Zucker ausstreuen (Bilder 1 und 2).
- Auf der leicht bemehlten Arbeitsfläche den Teig zu einem Rechteck ausrollen (optimale Größe: 45 x 35 cm).
- Den Teigfleck mit etwas zerlassener Butter bestreichen (Bild 3).
- Zucker und Zimt mischen, auf dem ganzen Teig verteilen und anschließend die Rosinen darüberstreuen (Bild 4 und 5).
- Den Teig von oben nach unten kompakt einrollen (Bild 6).
- Die Rolle spiralförmig eindrehen und in das Reindl geben (Bilder 7 und 8).
- Den Reindling leicht mit Wasser besprühen und bei Raumtemperatur zugedeckt ca. 40 Minuten gehen lassen (Bild 9), zwischendurch den Reindling immer wieder ganz leicht mit Wasser befeuchten, damit die Oberfläche nicht austrocknet.
- Den Backofen auf 160 °C Heißluft oder 170 °C Ober-/Unterhitze vorheizen.
- Das Ei verquirlen und den Reindling vor dem Backen gleichmäßig damit bestreichen (Bild 10).
- Den Reindling in den vorgeheizten Backofen schieben. Nach dem Backen aus dem Ofen nehmen (Bild 11), sofort aus dem Reindl stürzen und auf einem Rost auskühlen lassen (Bild 12).

1

2

3

4

5

6

7

8

9

10

11

12

Reindling-Variationen

Auf den folgenden Seiten finden Sie einige Vorschläge für verschiedene Füllungen. Das Rezept für den Teig sowie die Zubereitung sind gleich wie beim Reindling nach Backprofi-Art auf S. 18 (Schritt-für-Schritt-Fotos zur Zubereitung siehe S. 19).

Walnuss-Reindling

Zutaten

TEIG

Rezept siehe S. 18

FÜLLUNG

220 g	Bio-Zucker
10 g	Bio-Zimt
200 g	Bio-Walnüsse, gerieben

Zubereitung

- Teigzubereitung siehe Reindling nach Backprofi-Art, S. 18.
- Für die Füllung Zucker, Zimt und Walnüsse vermischen.
- Den fertig aufgegangenen Teig auf einer leicht bemehlten Arbeitsfläche zu einem Rechteck ausrollen (optimale Größe: 45 x 35 cm).
- Den Teigfleck mit etwas zerlassener Butter bestreichen und die Füllung gleichmäßig darauf verteilen.
- Weitere Zubereitung und Anleitungsbilder siehe Reindling nach Backprofi-Art, S. 18 und 19.

Apfel-Reindling

Zutaten

TEIG	
Rezept siehe S. 18	

FÜLLUNG	
300 g	Bio-Äpfel, grob geraspelt oder in dünne Spalten gehobelt
20 g	Zitronensaft
10 g	Bio-Zimt
100 g	Bio-Zucker
50 g	Semmelbrösel

Zubereitung

- Teigzubereitung siehe Reindling nach Backprofi-Art, S. 18.
- Für die Füllung die geraspelten oder gehobelten Äpfel sofort mit Zitronensaft beträufeln, dann alle Zutaten miteinander vermischen.
- Den fertig aufgegangenen Teig auf einer leicht bemehlten Arbeitsfläche zu einem Rechteck ausrollen (optimale Größe: 45 x 35 cm).
- Den Teigfleck mit etwas zerlassener Butter bestreichen und die Füllung darauf verteilen.
- Weitere Zubereitung und Anleitungsbilder siehe Reindling nach Backprofi-Art, S. 18 und 19.

Steirer-Reindling

Zutaten

TEIG

Rezept siehe S. 18

FÜLLUNG

180 g	Bio-Zucker
10 g	Bio-Zimt
150 g	Bio-Kürbiskerne, geschrotet

Zubereitung

- Teigzubereitung siehe Reindling nach Backprofi-Art, S. 18.
- Für die Füllung Zucker, Zimt und Kürbiskerne vermischen.
- Den fertig aufgegangenen Teig auf einer leicht bemehlten Arbeitsfläche zu einem Rechteck ausrollen (optimale Größe: 45 x 35 cm).
- Den Teigfleck mit etwas zerlassener Butter bestreichen und die Füllung darauf verteilen.
- Weitere Zubereitung und Anleitungsbilder siehe Reindling nach Backprofi-Art, S. 18 und 19.

Wer mag, kann beim Teig 15 g Milch durch 15 g steirisches Kürbiskernöl ersetzen.

Marzipan-Reindling

Zutaten

TEIG	
Rezept siehe S. 18	

FÜLLUNG	
80 g	Bio-Zucker
7 g	Bio-Zimt
200 g	Marzipan-Rohmasse

Zubereitung

- Teigzubereitung siehe Reindling nach Backprofi-Art, S. 18.
- Für die Füllung Zucker und Zimt vermischen.
- Den fertig aufgegangenen Teig auf einer leicht bemehlten Arbeitsfläche zu einem Rechteck ausrollen (optimale Größe: 45 x 35 cm).
- Den Teigfleck mit etwas zerlassener Butter bestreichen und die Zucker-Zimt-Mischung daraufgeben.
- Die Marzipan-Rohmasse zu einer dünnen Wurst rollen, mit einer Teigkarte kleine Stücke abstechen und diese gleichmäßig auf dem Teig verteilen.
- Weitere Zubereitung und Anleitungsbilder siehe Reindling nach Backprofi-Art, S. 18 und 19.

Beugerln
nach Art des Backprofis

Knetzeit:
4 Minuten langsam rühren

Teigruhe nach dem Kneten:
keine

Gehzeit vor dem Backen:
keine

Backzeit:
ca. 12–14 Minuten bei 190 °C Heißluft oder 210 °C Ober-/Unterhitze

Ein Beugerl schmeckt immer, egal ob mit klassischer Nuss- oder Mohnfüllung oder mit raffinierter Marzipan-Mandel-Füllung. Ich backe gerne gleich eine größere Menge auf einmal, denn die fertigen Beugerln lassen sich wunderbar einfrieren. So hat meine Frau immer ein köstliches Gebäck auf Lager, wenn sich am Nachmittag zum Kaffee spontan Besuch ankündigt.

Zutaten für 10 Stück

TEIG

280 g	Bio-Weizenmehl Type 480 Universal
50 g	Bio-Butter (aus dem Kühlschrank)
5 g	Salz
100 g	Bio-Milch (kühl)
30 g	Bio-Zucker
2	Bio-Eidotter (Größe M)
21 g	frische Hefe (½ Würfel)

2 Bio-Eidotter (Größe M) zum Bestreichen

FÜLLUNG

Rezepte für Füllungen siehe S. 30–34

Zubereitung

- Zu Beginn die Füllung für die Beugerln zubereiten und ca. 20 Minuten im Kühlschrank ziehen lassen (Rezepte für Füllungen siehe S. 30–34).
- Anschließend die Füllung mit leicht feuchten Händen in 10 gleichmäßige Stücke zu je ca. 50 g teilen, diese zu kleinen Rollen (ca. 10–12 cm lang) formen und auf ein Backpapier legen (Bild 1).
- Für den Teig Weizenmehl, Butter und Salz mit den Händen ganz leicht verkneten (wie bei einem Mürbteig).
- Milch, Zucker, Eidotter und Hefe genau einwiegen, Zucker, Eidotter und Hefe in der kühlen Milch mit einem Schneebesen auflösen.
- Mehl-Butter-Mischung und Milch-Mischung maximal 4 Minuten vermengen, bis ein gleichmäßiger Teig entsteht.
- Den Backofen auf 190 °C Heißluft oder 210 °C Ober-/Unterhitze vorheizen.
- Den Teig auf eine leicht bemehlte Arbeitsfläche geben und zehn Teigstücke zu je ca. 50 g auswiegen (Bild 2).
- Die Teigstücke rund formen (schleifen; Bild 3).
- Die Teigkugeln ganz leicht bemehlen und mit einem Rundholz zu ovalen Teigstücken ausrollen (optimale Größe: 13 x 9 cm; Bild 4).
- Die Teigstücke quer hinlegen, den oberen Bereich der Teigstücke mit jeweils einer Rolle der Füllung belegen (Bild 5).
- Teigstücke von oben nach unten einschlagen bzw. einrollen und vorsichtig zu länglichen Stangerln formen (Bild 6).
- Diese zu Beugerln formen (Bild 7) und anschließend auf ein mit Backpapier ausgelegtes Backblech legen.
- Die Beugerln gleichmäßig mit verquirltem Eidotter bestreichen (Bild 8) und etwas trocknen lassen, ein weiteres Mal mit Eidotter bestreichen, dann in den Backofen schieben und auf der mittleren Schiene bei ganz leicht geöffneter Backofentür backen.

1
2
3
4
5
6
7
8

Bio-Nussbeugerln

Zutaten

TEIG	
Rezept siehe S. 28	

HASELNUSSFÜLLUNG	
170 g	Bio-Milch
160 g	Bio-Haselnüsse, gerieben
40 g	süße Brösel (z. B. von Biskotten)
60 g	Bio-Feinkristallzucker
8 g	Bio-Vanillezucker
6 g	Bio-Zimt, gemahlen
20 g	Rum (38 %)
28 g	Bio-Marillenmarmelade
10 g	Bio-Honig

Zubereitung

- Die Milch leicht im Kochtopf erwärmen, geriebene Haselnüsse, süße Brösel, Feinkristallzucker, Vanillezucker, Zimt, Rum, Marillenmarmelade und Honig beimengen, gut verrühren, von der Kochstelle nehmen und 20 Minuten im Kühlschrank ziehen lassen.
- Anschließend die Füllung mit leicht feuchten Händen in 10 gleichmäßige Stücke zu je ca. 50 g teilen, diese zu kleinen Rollen (ca. 10–12 cm lang) formen und auf ein Backpapier legen.
- Den Teig wie auf S. 28 beschrieben zubereiten, in Stücke teilen und diese oval ausrollen (Anleitungsbilder S. 29).
- Je eine Rolle der Nussfüllung auf jedes Teigstück legen und einrollen (Bild 1).
- Diese Rollen zu Beugerln formen (v-förmig) und auf ein mit Backpapier ausgelegtes Backblech legen (Bild 2).
- Die Beugerln zweimal mit verquirltem Eidotter bestreichen und backen wie auf S. 28 beschrieben.

Bio-Mohnbeugerln

Zutaten

TEIG	
Rezept siehe S. 28	

MOHNFÜLLUNG	
170 g	Bio-Milch
150 g	Bio-Mohn, gemahlen
60 g	süße Brösel (z. B. von Biskotten)
60 g	Bio-Feinkristallzucker
8 g	Bio-Vanillezucker
6 g	Bio-Zimt, gemahlen
20 g	Rum (38 %)
28 g	Bio-Marillenmarmelade
10 g	Bio-Honig

Zubereitung

- Die Milch leicht im Kochtopf erwärmen, Mohn, Brösel, Feinkristallzucker, Vanillezucker, Zimt, Rum, Marillenmarmelade und Honig beimengen, gut verrühren, von der Kochstelle nehmen und 20 Minuten im Kühlschrank ziehen lassen.
- Anschließend die Füllung mit leicht feuchten Händen in 10 gleichmäßige Stücke zu je ca. 50 g teilen, diese zu kleinen Rollen (ca. 10–12 cm lang) formen und auf ein Backpapier legen.
- Den Teig wie auf S. 28 beschrieben zubereiten, in Stücke teilen und diese oval ausrollen (Anleitungsbilder S. 29).
- Je eine Rolle der Mohnfüllung auf jedes Teigstück legen (Bild 1) und den Teig von oben nach unten über die Füllung einrollen (Bild 2).
- Diese Rollen zu flachen, an den Rändern stark eingebogenen Beugerln formen (Bild 3) und auf ein mit Backpapier ausgelegtes Backblech legen.
- Die Beugerln zweimal mit verquirltem Eidotter bestreichen und backen wie auf S. 28 beschrieben.

Bio-Marzipan-Mandelbeugerln

Zutaten

TEIG	
Rezept siehe S. 28	

MANDELFÜLLUNG	
170 g	Bio-Milch
160 g	Bio-Mandeln, gerieben
40 g	süße Brösel (z. B. von Biskotten)
60 g	Bio-Feinkristallzucker
8 g	Bio-Vanillezucker
6 g	Bio-Zimt, gemahlen
20 g	Rum (38 %)
28 g	Bio-Marillenmarmelade
10 g	Bio-Honig
250 g	Marzipan-Rohmasse

Zubereitung

- Die Milch in einem Kochtopf leicht erwärmen, Mandeln, Brösel, Feinkristallzucker, Vanillezucker, Zimt, Rum, Marillenmarmelade und Honig beimengen, gut verrühren, von der Kochstelle nehmen und 20 Minuten im Kühlschrank ziehen lassen.
- Anschließend die Füllung mit leicht feuchten Händen in 10 gleichmäßige Stücke zu je ca. 50 g teilen, diese zu kleinen Rollen (ca. 10–12 cm lang) formen und auf ein Backpapier legen.
- Den Teig wie auf S. 28 beschrieben zubereiten, in Stücke teilen und diese oval ausrollen (Anleitungsbilder S. 29).
- Aus der Marzipan-Rohmasse 10 Stücke zu je 25 g auswiegen (Bild 1) und mit einem Rundholz auf etwa die gleiche Größe wie die ausgerollten Teigstücke ausrollen (Bild 2).
- Das Marzipan dann auf die Teigflecken legen (Bild 3) und die zu Rollen geformte Mandelfüllung daraufgeben (Bild 4).
- Den Teig mit der Füllung einrollen und diese Stangen zu nur ganz leicht gebogenen Beugerln formen (Bild 5), auf ein mit Backpapier ausgelegtes Backblech legen.
- Die Beugerln zweimal mit verquirltem Eidotter bestreichen und backen wie auf S. 28 beschrieben.

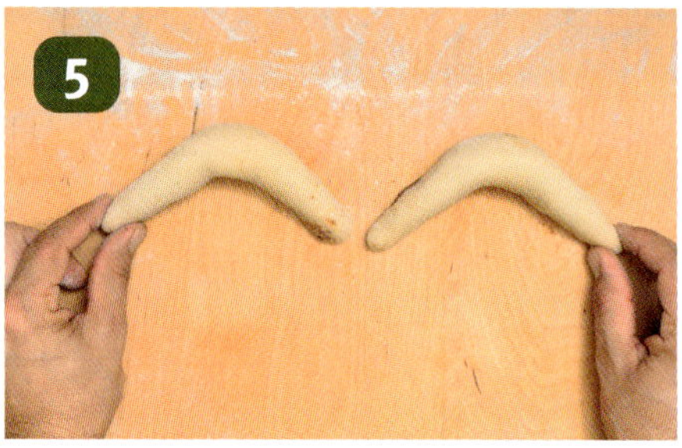

Bio-Kokos-Walnuss-Gugelhupf

Knetzeit:
3 Minuten langsam, 7 Minuten intensiver, gesamt 10 Minuten

Teigruhe nach dem Kneten:
30 Minuten

Gehzeit vor dem Backen:
ca. 30–40 Minuten

Backzeit:
ca. 40 Minuten bei 160 °C Heißluft oder 180 °C Ober-/Unterhitze

Ich liebe Kokos! Bei der Entwicklung dieses Rezepts hatte ich bereits einen ganz klaren Geschmack auf der Zunge. Daher brauchte es nur zwei Backversuche, bis ich mit dem Ergebnis rundum zufrieden war.

Zutaten für 1 Gugelhupf (Gugelhupfform mit ca. 24 cm Durchmesser, Höhe ca. 10 cm)

TEIG	
500 g	Bio-Weizenmehl Type 480 Universal
7 g	Salz
150 g	Bio-Zucker
100 g	Bio-Butter (handwarm)
100 g	Kokosette
30 g	Rum
50 g	Bio-Walnüsse, ganz
42 g	frische Hefe (1 Würfel)
310 g	Bio-Milch 36 °C (lauwarm)

FÜR DIE FORM	
30 g	Bio-Butter
25 g	Kokosette
25 g	Bio-Zucker

Zubereitung

- Alle Teigzutaten genau einwiegen und den Teig wie angegeben kneten.
- Den Teig nach dem Kneten auf eine leicht bemehlte Arbeitsfläche geben, mit einem Geschirrtuch abdecken und bei Raumtemperatur 30 Minuten rasten lassen.
- Die Gugelhupfform mit flüssiger Butter ausstreichen und mit etwas Zucker und Kokosette ausstreuen.
- Auf der leicht bemehlten Arbeitsfläche den Teig locker von oben und unten einschlagen (Bild 1) und zu einer länglichen Wurst rollen (ca. 50 cm lang; Bild 2).
- Die Teigwurst locker in die Gugelhupfform legen (Bild 3).
- Den Gugelhupf leicht mit Wasser besprühen und bei Raumtemperatur zugedeckt ca. 30–40 Minuten gehen lassen.
- Zwischendurch den Gugelhupf immer wieder ganz leicht mit Wasser befeuchten, damit die Oberfläche nicht austrocknet.
- Den Backofen auf 160 °C Heißluft oder 180 °C Ober-/Unterhitze vorheizen.
- Den Gugelhupf nochmals kräftig mit Wasser besprühen und in den vorgeheizten Backofen schieben.
- Nach dem Backen sofort aus der Form stürzen und auf einem Rost auskühlen lassen.

1

2

3

Bio-Buttermilchzopf

(Anleitungsbilder siehe S. 40)

Knetzeit:
3 Minuten langsam, 7 Minuten intensiver, gesamt 10 Minuten

Teigruhe nach dem Kneten:
20 Minuten + 5 Minuten

Gehzeit vor dem Backen:
ca. 30 Minuten

Backzeit:
ca. 28 Minuten bei 170 °C Heißluft oder 190 °C Ober-/Unterhitze

Die leichte Säure der Buttermilch verleiht diesem süßen Gebäck einen einzigartigen Geschmack. Und die einfache, schnelle Zubereitung macht auch noch Spaß!

Zutaten für 1 Zopf

TEIG	
250 g	Bio-Weizenmehl Type 480 Universal
3 g	Salz
40 g	Bio-Zucker
30 g	Bio-Butter (handwarm)
15 g	frische Hefe (ca. ⅓ Würfel)
140 g	Bio-Buttermilch 36 °C (lauwarm)

1 Bio-Ei (Größe M) und 1 Schuss Bio-Milch zum Bestreichen

etwas Hagelzucker zum Bestreuen

Zubereitung

- Alle Teigzutaten genau einwiegen und den Teig wie angegeben kneten.
- Den Teig nach dem Kneten mit einem Geschirrtuch abdecken und bei Raumtemperatur 20 Minuten rasten lassen (Bild 1, S. 40).
- Den Teig auf eine leicht bemehlte Arbeitsfläche geben (Bild 2) und drei gleich große Teigstücke zu je ca. 160 g auswiegen (Bild 3).
- Die Teigstücke rund formen (schleifen; Bild 4) und nochmals ca. 5 Minuten zugedeckt bei Raumtemperatur rasten lassen.
- Dann die Teigkugeln etwas flach drücken (Bild 5), von oben und unten zur Mitte einschlagen, mit etwas Druck einrollen und zu länglichen Teigsträngen (ca. 40 cm) formen (Bild 6).
- Die Teigstränge ganz leicht bemehlen, an einem Ende zusammendrücken (Bild 7) und relativ locker zu einem Striezel flechten (Bild 8).
- Den Buttermilchzopf auf ein mit Backpapier ausgelegtes Backblech legen, leicht mit Wasser besprühen und bei Raumtemperatur zugedeckt ca. 30 Minuten gehen lassen.
- Zwischendurch immer wieder ganz leicht mit Wasser befeuchten, damit die Oberfläche nicht austrocknet.
- Den Backofen auf 170 °C Heißluft oder 190 °C Ober-/Unterhitze vorheizen.
- Milch und Ei vermischen und den Zopf vor dem Backen gleichmäßig mit der Ei-Milch-Mischung bestreichen (Bild 9).
- Mit Hagelzucker bestreuen (Bild 10) und auf der mittleren Schiene bei ganz leicht geöffneter Backofentür backen.
- Nach dem Backen auf einem Küchenrost auskühlen lassen.

Anleitungsbilder zum Bio-Buttermilchzopf (Rezept siehe S. 39)

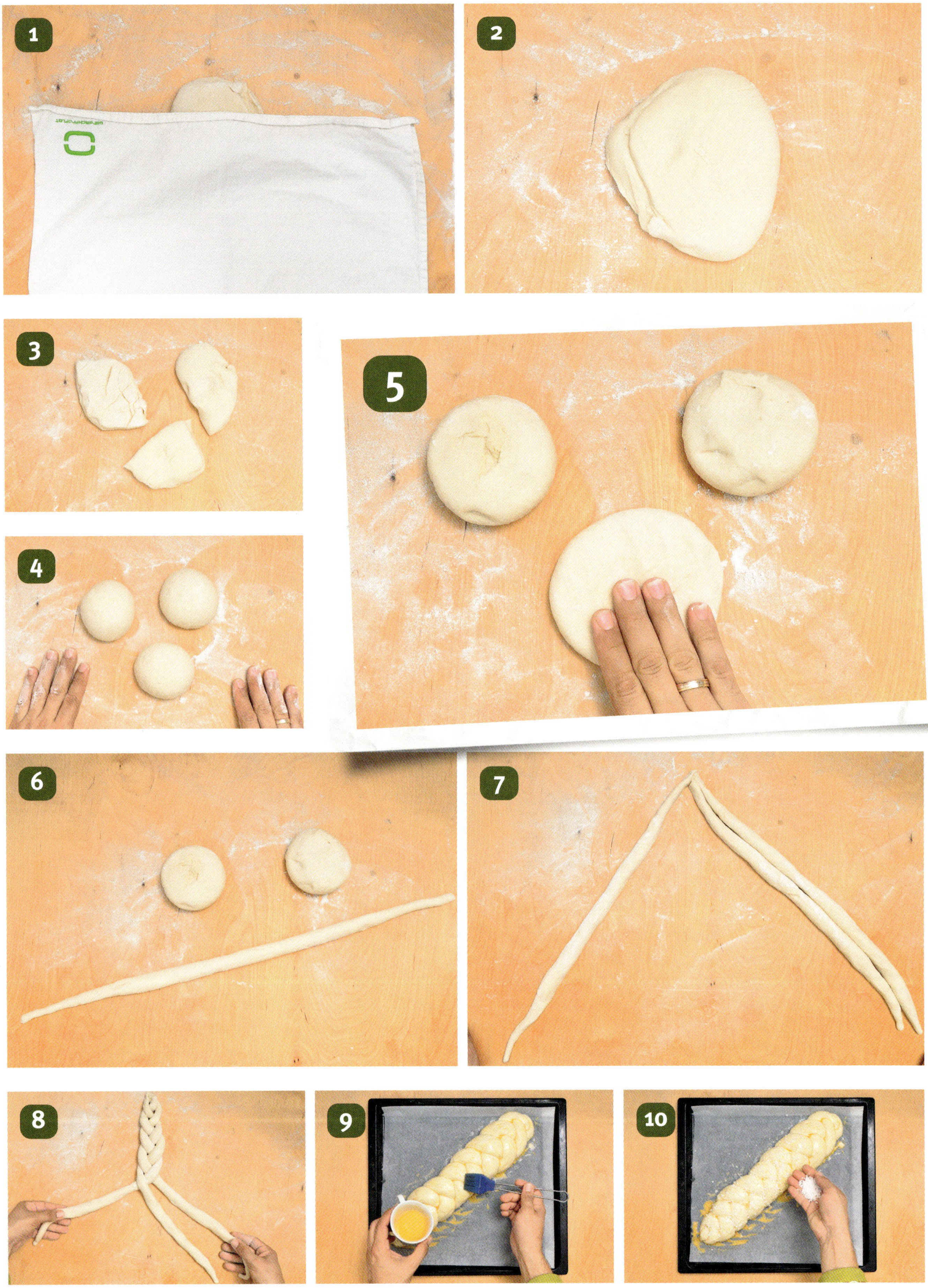

Bio-Brioche-6er-Striezel *(Zopf)*

(Rezept siehe Seite 42)

Bio-Brioche-6er-Striezel (Zopf)

(Foto siehe S. 41)

Knetzeit:
3 Minuten langsam, 7 Minuten intensiver, gesamt 10 Minuten

Teigruhe nach dem Kneten:
20 Minuten + 10 Minuten

Gehzeit vor dem Backen:
ca. 30–40 Minuten

Backzeit:
ca. 28–30 Minuten bei 170 °C Heißluft oder 180 °C Ober-/Unterhitze

Zutaten für 2 Striezel

TEIG

500 g	Bio Weizenmehl Type 480 Universal
7 g	Salz
90 g	Bio-Zucker
90 g	Bio-Butter (handwarm)
20 g	Rum (38 %)
2	Bio-Eidotter (Größe M)
42 g	frische Hefe (1 Würfel)
200 g	Bio-Milch 36 °C (lauwarm)

Abrieb einer halben Bio-Zitrone und Orange (Schale zum Verzehr geeignet)

1 Bio-Ei (Größe M) und 1 Schuss Milch zum Bestreichen

etwas Hagelzucker und Mandelblättchen zum Bestreuen

Zubereitung

- Alle Teigzutaten genau einwiegen und den Teig wie angegeben kneten.
- Den Teig nach dem Kneten mit einem Geschirrtuch abdecken und bei Raumtemperatur 20 Minuten rasten lassen.
- Den Teig auf eine leicht bemehlte Arbeitsfläche geben und zwölf Teigstücke zu je 80–82 g auswiegen (Bild 1).
- Die Teigstücke rund formen (schleifen) und nochmals ca. 10 Minuten zugedeckt bei Raumtemperatur rasten lassen (Bild 2).
- Dann die Teigkugeln etwas flach drücken, von oben und unten zur Mitte einschlagen (Bild 3), mit etwas Druck einrollen und zu länglichen Teigsträngen (ca. 25 cm) formen.
- Die Teigstränge ganz leicht bemehlen, jeweils sechs Teigstränge an einem Ende zusammendrücken (Bild 4) und relativ locker zu Striezeln flechten, wie auf den Bildern 5–10 bzw. im Anleitungsvideo gezeigt.
- Striezel auf ein mit Backpapier ausgelegtes Backblech legen, die Oberfläche gut mit Wasser befeuchten und ca. 30–40 Minuten bei Raumtemperatur zugedeckt gehen lassen.
- In der Zwischenzeit den Backofen auf 170 °C Heißluft oder 180 °C Ober-/Unterhitze vorheizen.
- Ei und Milch vermischen und die Striezel vor dem Backen gleichmäßig mit der Ei-Milch-Mischung bestreichen (Bild 11), mit Hagelzucker und Mandelblättchen bestreuen (Bild 12).
- Striezel in den Backofen schieben und auf der mittleren Schiene bei ganz leicht geöffneter Backofentür backen.
- Nach dem Backen auf einem Rost gut auskühlen lassen.

Ein süßer Striezel, einfach und schnell zubereitet. Wenn nur das Flechten nicht wäre ... Aber Übung macht den Meister, und mit meinem Anleitungsvideo „Striezel flechten“ auf Youtube sollte es wunderbar klappen!

REZEPT MIT VIDEO!
Einfach den abgebildeten QR-Code scannen oder unter www.derbackprofi.at ansehen!

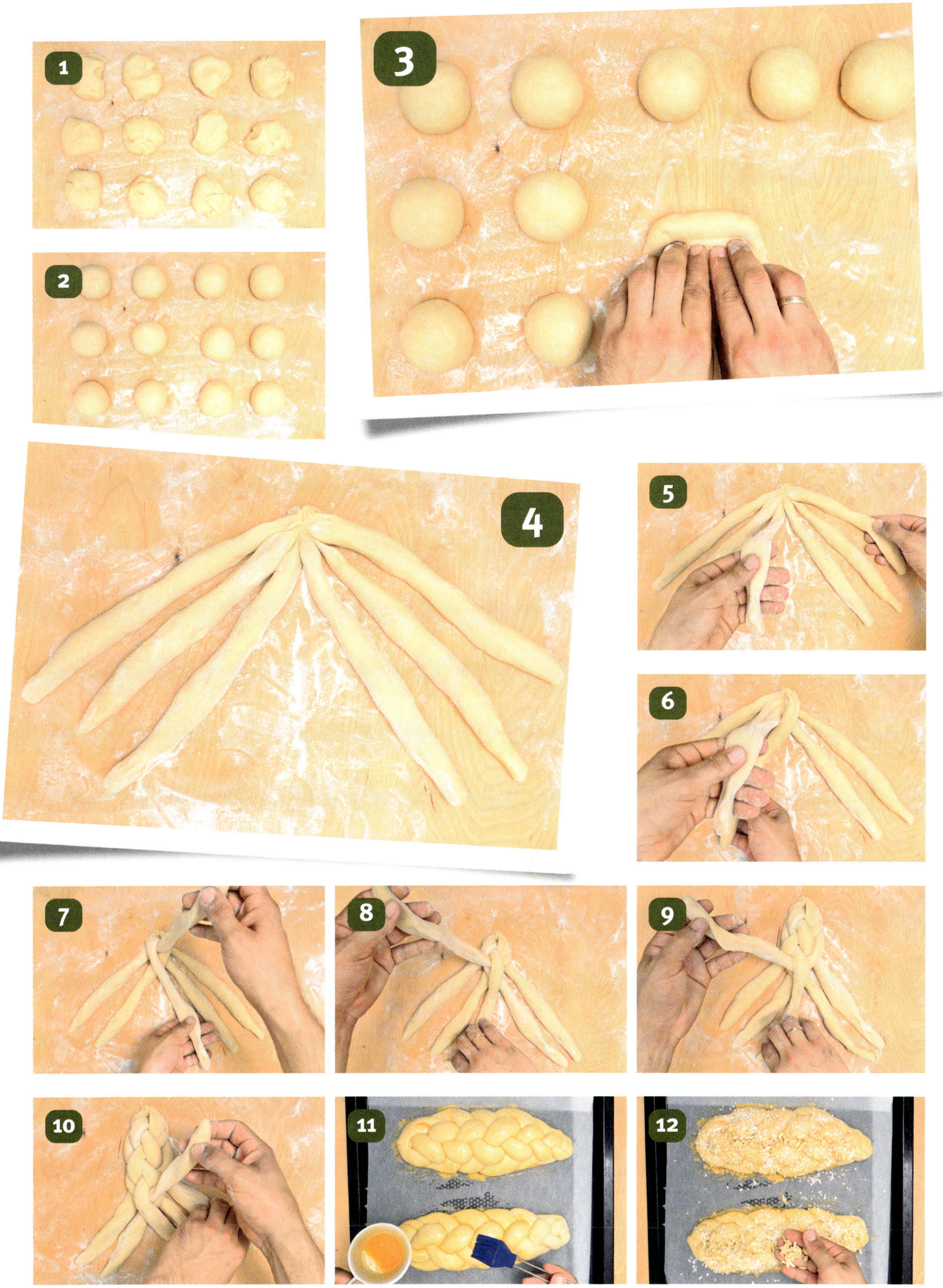
1
2
3
4
5
6
7
8
9
10
11
12

Bio-Mandelkranz

(Anleitungsbilder siehe S. 46)

Knetzeit:
3 Minuten langsam,
7 Minuten intensiver,
gesamt 10 Minuten

Teigruhe nach dem Kneten:
20 Minuten + 20 Minuten

Gehzeit vor dem Backen:
ca. 30 Minuten

Backzeit:
ca. 28 Minuten bei 170 °C Heißluft oder 180 °C Ober-/Unterhitze

Der Duft von diesem Kranz wird die ganze Familie verzaubern. Nach dem Backen wird der Mandelkranz mit Marillenmarmelade aprikotiert und mit Zuckerglasur überzogen und ist auch optisch ein Highlight.

Zutaten für 1 Kranzkuchen

TEIG

325 g	Bio-Weizenmehl Type 480 Universal
5 g	Salz
2 g	Backprofis Bio-Gerstenmalzmehl oder Honig
50 g	Bio-Zucker
40 g	Bio-Butter (handwarm)
21 g	frische Hefe (1/2 Würfel)
170 g	Bio-Milch 36 °C (lauwarm)

50 g gehobelte Mandeln zum Bestreuen

Bio-Marillenmarmelade zum Aprikotieren

Zitronenglasur (Staubzucker und Zitronensaft)

MANDELFÜLLUNG

170 g	Bio-Milch
160 g	Bio-Mandeln, gerieben
40 g	süße Brösel (Biskotten)
60 g	Bio-Zucker
8 g	Vanillezucker
6 g	Bio-Zimt, gemahlen
20 g	Rum (38 %)
28 g	Bio-Marillenmarmelade
10 g	Bio-Honig

Zubereitung

- Alle Teigzutaten genau einwiegen und den Teig wie angegeben kneten.
- Den Teig nach dem Kneten auf eine leicht bemehlte Arbeitsfläche geben, mit einem Geschirrtuch abdecken und bei Raumtemperatur 20 Minuten rasten lassen.
- Für die Füllung Milch leicht im Kochtopf erwärmen, Mandeln, Brösel, Zucker, Vanillezucker, Zimt, Rum, Marillenmarmelade und Honig beimengen, gut verrühren, von der Kochstelle nehmen, ziehen lassen.
- Teigstück rund formen (wirken) und nochmals 20 Minuten zugedeckt bei Raumtemperatur rasten lassen.
- Auf der leicht bemehlten Arbeitsfläche den Teig ausrollen (optimale Größe: 48 x 38 cm), die Füllung darauf mit einer Teigkarte gleichmäßig verteilen (Bild 1, S. 46).
- Den Teig von oben nach unten kompakt einrollen (Bild 2).
- Die Teigrolle senkrecht hinlegen und mit einem scharfen Messer bis auf ein kleines Stück am Anfang von oben nach unten ganz durchschneiden (Bilder 3 und 4).
- Die beiden Teigstränge spiralförmig eindrehen (Bilder 5 und 6), als Kranz auf ein mit Backpapier ausgelegtes Backblech legen, leicht mit Wasser besprühen (Bild 7), zugedeckt etwa 30 Minuten gehen lassen.
- Zwischendurch immer wieder leicht mit Wasser besprühen, damit die Oberfläche nicht austrocknet. Den Backofen auf 170 °C Heißluft oder 180 °C Ober-/Unterhitze vorheizen.
- Vor dem Backen nochmals kräftig mit Wasser besprühen, mit Mandelblättchen bestreuen (Bild 8) und auf der mittleren Schiene mit viel Dampf backen (während des Backens ein hitzebeständiges Gefäß mit Wasser oder Eiswürfeln in den Ofen stellen).
- Nach dem Backen den heißen Mandelkranz mit erwärmter Marillenmarmelade aprikotieren (bestreichen; Bild 9).
- Wenn der Kranz ausgekühlt ist, mit Zitronenglasur bestreichen (Bild 10).

Anleitungsbilder zum Bio-Mandelkranz (Rezept siehe S. 45)

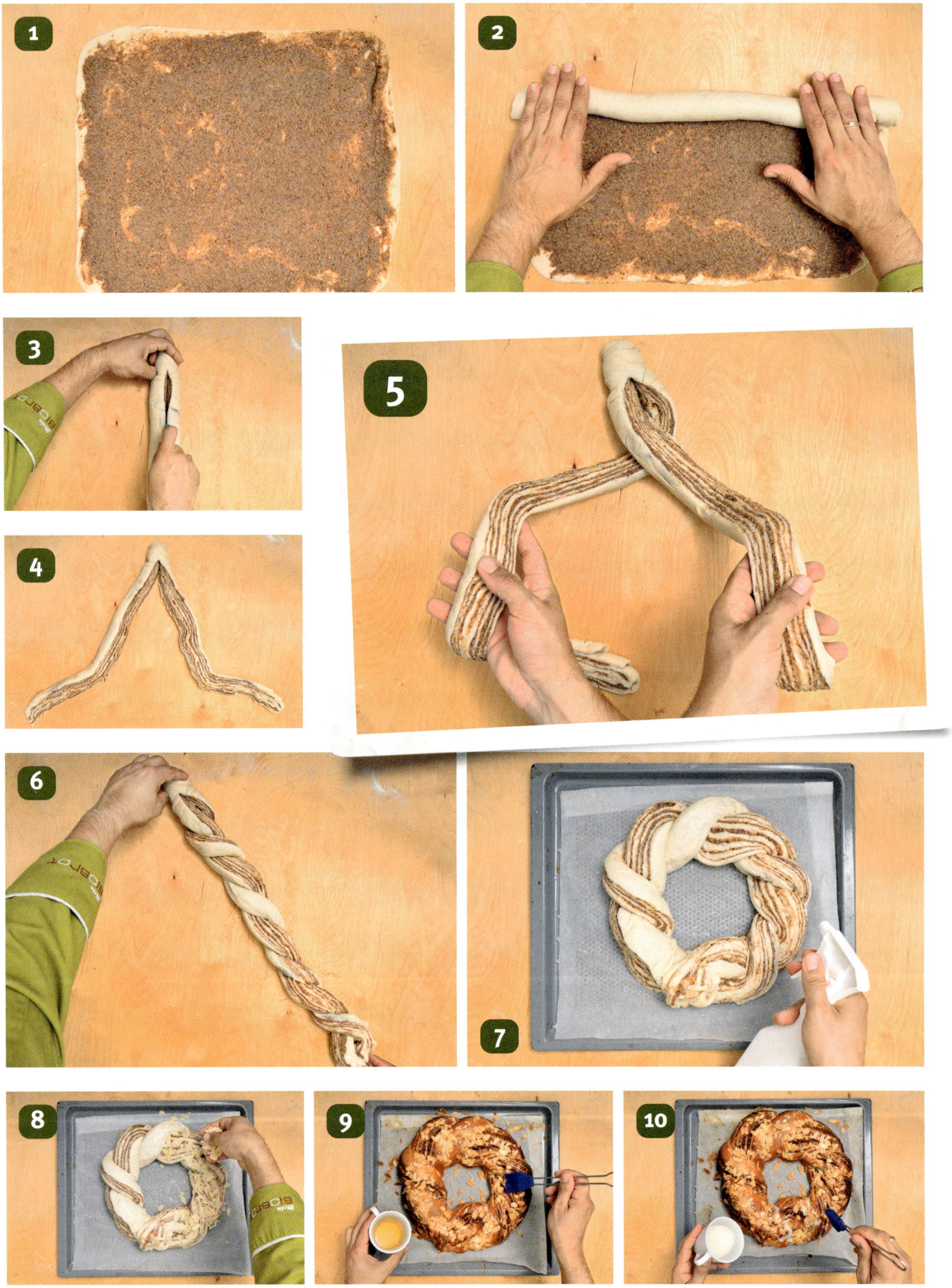

Nusspotitze

(Rezept siehe Seite 48)

Nusspotitze

(Foto siehe S. 47)

Knetzeit:
3 Minuten langsam, 7 Minuten intensiver, gesamt 10 Minuten

Teigruhe nach dem Kneten:
20 Minuten + 20 Minuten

Gehzeit vor dem Backen:
ca. 30 Minuten

Backzeit:
ca. 30–35 Minuten bei 170 °C Heißluft oder 180 °C Ober-/Unterhitze

Zutaten für 1 Potitze (Kastenform mit ca. 1 Liter Inhalt)

TEIG	
325 g	Bio-Weizenmehl Type 480 Universal
5 g	Salz
2 g	Backprofis Bio-Gerstenmalzmehl oder Honig
50 g	Bio-Zucker
40 g	Bio-Butter (handwarm)
21 g	frische Hefe (½ Würfel)
170 g	Bio-Milch 36 °C (lauwarm)

NUSSFÜLLUNG	
170 g	Bio-Milch
160 g	Bio-Haselnüsse oder Walnüsse, gerieben
40 g	süße Brösel (z. B. von Biskotten)
60 g	Bio-Zucker
8 g	Vanillezucker
6 g	Bio-Zimt, gemahlen
20 g	Rum (38 %)
28 g	Bio-Marillenmarmelade
10 g	Bio-Honig

Zubereitung

- Alle Teigzutaten genau einwiegen und den Teig wie angegeben kneten.
- Den Teig nach dem Kneten auf eine leicht bemehlte Arbeitsfläche geben, mit einem Geschirrtuch abdecken und bei Raumtemperatur 20 Minuten rasten lassen (Bild 1).
- Für die Füllung die Milch leicht im Kochtopf erwärmen, Nüsse, Brösel, Zucker, Vanillezucker, Zimt, Rum, Marillenmarmelade und Honig beimengen, gut verrühren, von der Kochstelle nehmen und ziehen lassen.
- Das Teigstück rund formen (wirken) und nochmals 20 Minuten zugedeckt bei Raumtemperatur rasten lassen.
- Auf der leicht bemehlten Arbeitsfläche den Teig ausrollen (optimale Größe: 28 x 40 cm; Bilder 2 und 3), eine geeignete Kastenform mit etwas Butter ausstreichen.
- Die Füllung mit einer Teigkarte gleichmäßig auf dem ganzen Teig verteilen (Bilder 4 und 5).
- Den gefüllten Teig von oben bis zur Mitte einrollen (Bild 6), dann den unteren Teil ebenso bis zur Mitte einrollen (Bild 7).
- Die Potitze in die Form geben (Bild 8), leicht mit Wasser besprühen und zugedeckt nochmals etwa 30 Minuten bei Raumtemperatur gehen lassen.
- Zwischendurch die Potitze immer wieder leicht mit Wasser besprühen, damit die Oberfläche nicht austrocknet. Den Backofen auf 170 °C Heißluft oder 180 °C Ober-/Unterhitze vorheizen.
- Mit einer Nadel tiefe Löcher (bis zum Boden) in die Potitze stechen.
- Vor dem Backen die Potitze nochmals kräftig mit Wasser besprühen und auf der mittleren Schiene mit viel Dampf backen (während des Backens ein hitzebeständiges Gefäß mit Wasser oder Eiswürfeln in den Ofen stellen).
- Nach gut 20 Minuten Backzeit die Potitze vorsichtig aus der Kastenform nehmen und ohne Form fertig backen.
- Nach dem Backen mindestens 15 Minuten verkehrt auf einem Blech mit Papier auskühlen lassen.

Eine hausgemachte Potitze ist einfach und schnell zubereitet. Immer wieder wird mir die Frage gestellt, wie sich Hohlräume vermeiden lassen. Mit diesem Rezept und der richtigen Anleitung wird das bestimmt gut klappen.

Backe, Backe Ofner

REZEPT MIT VIDEO!
*Einfach den abgebildeten QR-Code scannen oder unter **www.derbackprofi.at** ansehen!*

1
2
3
4
5
6
7
8

Mohnpotitze

Zutaten

TEIG

Rezept siehe S. 48

MOHNFÜLLUNG

170 g	Bio-Milch
150 g	Bio-Mohn, gemahlen
60 g	süße Brösel (Biskotten)
60 g	Bio-Zucker
8 g	Vanillezucker
6 g	Bio-Zimt, gemahlen
20 g	Rum (38 %)
28 g	Bio-Marillenmarmelade
10 g	Bio-Honig

etwas flüssige Butter für die Form

Zubereitung

- Den Teig wie auf S. 48 beschrieben zubereiten und rasten lassen.
- Für die Füllung die Milch leicht im Kochtopf erwärmen, Mohn, Brösel, Zucker, Vanillezucker, Zimt, Rum, Marillenmarmelade und Honig beimengen, gut verrühren, von der Kochstelle nehmen und ziehen lassen.
- Den Teig wie auf S. 48 beschrieben wirken, rasten lassen und ausrollen.
- Die Mohnfüllung auf dem ausgerollten Teig verstreichen und den Teig von beiden Seiten bis zur Mitte einrollen (Bild 1).
- Die Potitze in eine Kastenform legen (Bild 2) und wie auf S. 48 beschrieben backen.

2

1

REZEPT MIT VIDEO!

Einfach den abgebildeten QR-Code scannen oder unter www.derbackprofi.at ansehen!

Bio-Schoko-Käfer

Knetzeit:
3 Minuten langsam,
6 Minuten intensiver,
1 Minute Schokoladestücke unterheben,
gesamt 10 Minuten

Teigruhe nach dem Kneten:
20 Minuten

Gehzeit vor dem Backen:
ca. 30 Minuten

Backzeit:
ca. 28 Minuten bei 160 °C Heißluft oder 180 °C Ober-/Unterhitze

Süßer Germteig trifft auf Schokolade. Klingt gut und schmeckt noch viel besser. Ein Gebäck, das nicht nur Kinder ins Schwärmen bringt!

Zutaten für 1 Schoko-Käfer

TEIG	
250 g	Bio-Weizenmehl Type 480 Universal
3 g	Salz
40 g	Bio-Zucker
40 g	Bio-Butter (handwarm)
1	Bio-Ei (Größe M)
21 g	frische Hefe (½ Würfel)
90 g	Bio-Milch 36 °C (lauwarm)
70 g	Schokoladelinsen oder Schokoladestücke (Bio & Fairtrade)

1 Bio-Ei (Größe M) und
1 Schuss Bio-Milch zum Bestreichen

Zubereitung

- Alle Teigzutaten genau einwiegen und den Teig wie angegeben kneten.
- Den Teig nach dem Kneten mit einem Geschirrtuch abdecken und bei Raumtemperatur 20 Minuten rasten lassen.
- Den Teig auf eine leicht bemehlte Arbeitsfläche geben und rund formen (wirken).
- Das Teigstück einmal von oben und einmal von unten zur Mitte einschlagen (Bild 1), zu einem Wecken formen und mit dem Schluss nach unten auf ein mit Backpapier ausgelegtes Backblech legen.
- Leicht mit Wasser besprühen und bei Raumtemperatur zugedeckt ca. 30 Minuten gehen lassen.
- Zwischendurch immer wieder ganz leicht mit Wasser befeuchten, damit die Oberfläche nicht austrocknet.
- Den Backofen auf 160 °C Heißluft oder 180 °C Ober-/Unterhitze vorheizen.
- Milch und Ei vermischen und den Schokokäfer vor dem Backen gleichmäßig mit der Ei- Milch-Mischung bestreichen (Bild 2).
- Mit einem scharfen Teigmesser drei Längsschnitte in das Brot machen (Bild 3).
- Das Brot auf der mittleren Schiene bei leicht geöffneter Backofentür backen.
- Nach dem Backen auf einem Küchenrost auskühlen lassen.

1

2
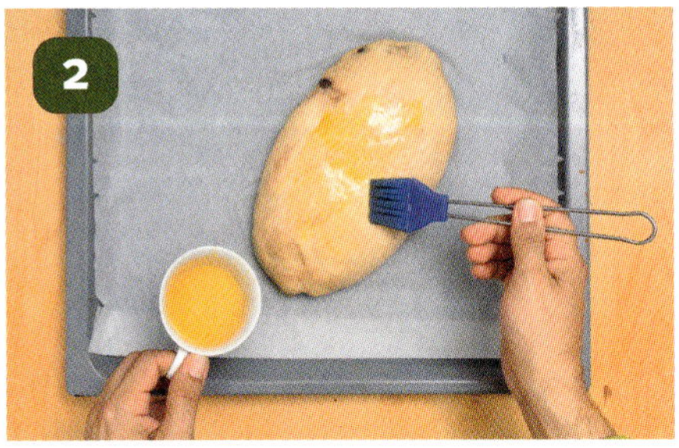

3

Bio-Linzer Kipferln

Knetzeit:
gesamt ca. 6 Minuten (mit der Küchenmaschine oder dem Handmixgerät)

Backzeit:
ca. 20–24 Minuten bei 180 °C Heißluft oder 200 °C Ober-/Unterhitze

Diese schmackhaften Kipferln bieten fast alle Bäckereien in Österreich an. Die Zubereitung ist gar nicht so schwer, und welche Marmelade Sie zum Füllen verwenden, bleibt Ihrem persönlichen Geschmack überlassen.

Zutaten für 8–10 Stück (je nach Größe)

TEIG
300 g Bio-Butter
125 g Staubzucker
1 P. Vanillezucker
Abrieb einer Bio-Zitrone (Schale zum Verzehr geeignet)
1 Bio-Ei (Größe M)
3 Bio-Eidotter (Größe M)
400 g Bio-Weizenmehl Type 480 Universal
3 g Salz

Bio-Marmelade zum Füllen
ca. 150 g Schokolade oder Kuvertüre zum Tunken

Zubereitung

- Den Backofen auf 180 °C Heißluft oder 200 °C Ober-/Unterhitze vorheizen.
- Die Butter, den Zucker, den Vanillezucker und die abgeriebene Zitronenschale ca. 2,5 Minuten schaumig rühren.
- Anschließend das Ei und die Eidotter nach und nach zugeben und langsam unterrühren.
- Am Ende das Weizenmehl und das Salz beimengen und den Teig ca. 1 Minute gut verrühren.
- Den Teig in einen Spritzsack mit Sterntülle füllen.
- Auf ein mit Backpapier ausgelegtes Backblech gleichmäßige Kipferln dressieren (Bild 1 und 2).
- Anschließend sofort in den vorgeheizten Backofen schieben (die Backzeit richtet sich natürlich nach der Größe der Kipferln).
- Die fertigen Kipferln auskühlen lassen, dann umdrehen, so dass die Unterseite mit Marmelade bestrichen werden kann (Bild 3), jeweils zwei bestrichene Kipferln zusammensetzen.
- Die Enden der Kipferl vorsichtig in geschmolzene Schokolade oder Kuvertüre tunken.

1
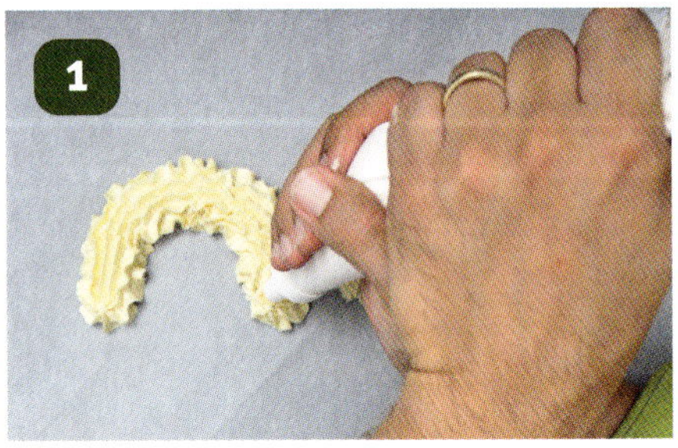
2

3

Gedeckter Bio-Apfelkuchen aus Mürbteig

(Anleitungsbilder siehe S. 58)

Knetzeit:
3 Minuten langsam, gesamt 3 Minuten

Teigruhe nach dem Kneten:
mindestens 30 Minuten im Kühlschrank

Backzeit:
40 Minuten bei 180 °C Heißluft oder 200 °C Ober-/Unterhitze

In Österreichs Backstuben sind Äpfel als Füllung oder Belag für Gebäck und Kuchen in allen möglichen Variationen nicht wegzudenken. Dieser Apfelkuchen gelingt einfach und schnell.

Zutaten für 1 Kuchen

TEIG	
250 g	Bio-Weizenmehl Type 480 Universal
200 g	Bio-Butter (kühl und in Würfeln geschnitten)
1	Bio-Eidotter
50 g	Bio-Zucker
3 g	Salz

1 Bio-Ei zum Bestreichen
Staubzucker zum Bestreuen

APFELFÜLLUNG	
1000 g	Bio-Äpfel
10 g	Zitronensaft
70 g	Bio-Zucker
15 g	Rum (38 %)
40 g	Semmelbrösel

Zubereitung

- Alle Zutaten für den Teig einwiegen und rasch zu einem Mürbteig kneten (Bilder 1 und 2).
- Anschließend in Frischhaltefolie einwickeln und mindestens 30 Minuten im Kühlschrank rasten lassen (Bild 3).
- In der Zwischenzeit für die Füllung die Äpfel vom Kerngehäuse befreien und in dünne Scheiben hobeln, diese sofort mit Zitronensaft vermengen und mit den übrigen Zutaten vermischen (Bild 4).
- Den Backofen auf 180 °C Heißluft oder 200 °C Ober- Unterhitze vorheizen.
- Ein Backpapier auf die Arbeitsfläche legen und mit Weizenmehl bestauben.
- Den gekühlten Teig aus dem Kühlschrank geben, die Folie entfernen.
- Mit einer Teigkarte nun 1 Drittel des Teiges abtrennen und beiseitegeben (Bild 5; wird für den Deckel benötigt).
- Das restliche Teigstück mit einem Nudelholz zu einem Rechteck ausrollen (optimale Größe: 20 x 30 cm), mit dem Backpapier auf das Backblech legen (Bild 6).
- Die Apfelfüllung gleichmäßig auf dem Teigrechteck verteilen (Bild 7).
- Das kleinere Teigstück ebenfalls 20 x 30 cm groß ausrollen und auf die Apfelfülle legen (Bild 8).
- Die Teigoberfläche gleichmäßig mit dem verquirlten Ei bestreichen (Bild 9).
- Den Kuchen in den vorgeheizten Backofen schieben und wie angegeben backen.
- Nach dem Backen gut auskühlen lassen und falls gewünscht mit Staubzucker bestreuen.

Anleitungsbilder zum gedeckten Apfelkuchen (Rezept siehe S. 57)

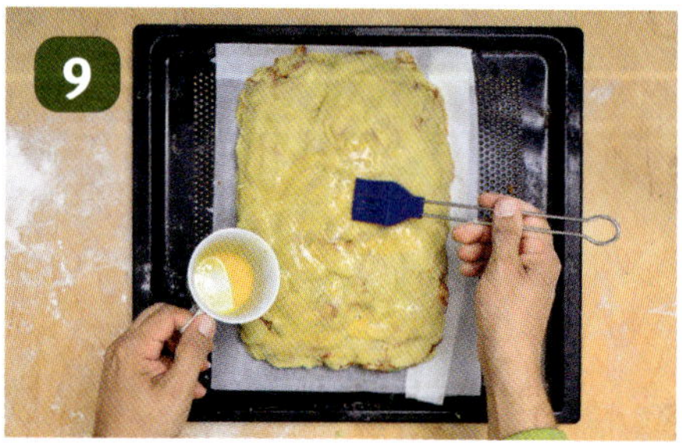

Bio-Brandteigkrapferln

(Profiteroles)

(Rezept siehe Seite 60)

Bio-Brandteigkrapferln (Profiteroles)

(Foto siehe S. 59)

Abkühlzeit für den Teig:
ca. 15 Minuten

Backzeit:
ca. 20 Minuten bei 200 °C Heißluft oder 220 °C Ober-/Unterhitze

Brandteig ist schnell zubereitet und ergibt flaumig-luftiges Gebäck. Wie auf den folgenden Seiten gezeigt, kann man ihn in beliebigen Formen aufspritzen und mit verschiedenen Füllungen versehen. Klassisch sind auf jeden Fall die Krapferln (Profiteroles), die ungefüllt auch gerne als Suppeneinlage verwendet werden.

Zutaten für ca. 18 Stück (je nach Größe)

TEIG

250 g	Wasser
60 g	Bio-Butter
3 g	Salz
200 g	Bio-Weizenmehl Type 480 Universal
5	Bio-Eier (Größe M)

FÜLLUNG

250 g	Obers (Schlagsahne)
1 P.	Sahnesteif
30 g	Staubzucker
1 P.	Vanillezucker

Zubereitung

- Das Wasser mit der Butter und dem Salz in einem Topf zum Kochen bringen (Bild 1).
- Das Mehl auf einmal zugeben (Bild 2) und mit dem Kochlöffel zu einem Klumpen rühren (Bild 3).
- Den Brei ca. 2 Minuten bei schwacher Hitze „abbrennen“ lassen (dabei immer wieder umrühren), bis sich eine weiße Schicht auf dem Topfboden bildet und sich der Teig vom Topf löst (Bild 4).
- Den Topf vom Herd nehmen und die Masse kurz auskühlen lassen.
- Den Backofen auf 200 °C Heißluft oder 220 °C Ober- Unterhitze vorheizen.
- Mit einem Handmixer (auf höchster Stufe) nun nach und nach die Eier einarbeiten, bis der Teig seidig glänzt.
- Die Teigmasse auskühlen lassen und in einen Spritzbeutel mit Sterntülle füllen.
- Auf ein mit Backpapier ausgelegtes Backblech etwa 18 gleichmäßige Krapferln aufdressieren (Bild 5) und anschließend sofort in den vorgeheizten Backofen schieben.
- Die Brandteigkrapferln ca. 20 Minuten backen (in den ersten 15 Minuten auf keinen Fall den Backofen öffnen!).
- Nach dem Backen die Krapferln gut auskühlen lassen.
- Für die Füllung das Obers mit Sahnesteif, Staubzucker und Vanillezucker steif schlagen und in einen Spritzbeutel füllen.
- Die Brandteigkrapferln in der Mitte durchschneiden und füllen (Bild 6), danach wieder zusammensetzen.
- Vor dem Servieren mit Staubzucker bestreuen.

1

2

3

4

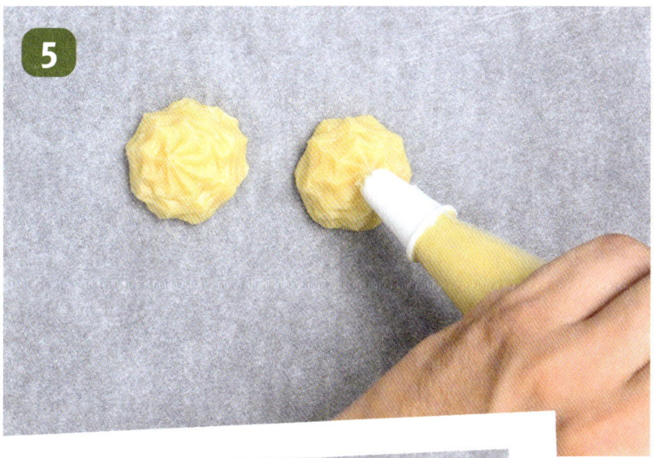
5

6

Brandteigringe

Wie gesagt kann man Brandteig in verschiedensten Formen aufdressieren und ganz nach persönlichem Belieben füllen. Von Topfencreme über Kaffee- oder Vanillepuddingcreme sind Ihrer Fantasie keine Grenzen gesetzt!

Zutaten für 8–10 Stück (je nach Größe)

TEIG

Rezept siehe S. 60

FÜLLUNG

4	Blatt Gelatine
100 g	Früchte nach Belieben
100 g	Staubzucker
1 P.	Vanillezucker
250 ml	Sauerrahm (saure Sahne)

150 g Früchte nach Belieben

Staubzucker zum Bestreuen

Zubereitung

- Den Brandteig wie auf S. 60 beschrieben herstellen.
- Die Masse in einen Dressiersack mit großer Sterntülle füllen und auf ein mit Backpapier ausgelegtes Backblech 8–10 Ringe von ca. 10 cm Durchmesser dressieren (Bild 1).
- Diese im vorgeheizten Backofen bei 200 °C Heißluft bzw. 220 °C Ober-/Unterhitze 20 Minuten backen (15 Minuten lang keinesfalls die Backofentür öffnen).
- Für die Creme die Gelatine in kaltem Wasser einweichen, Früchte waschen, klein schneiden und pürieren, mit Staub- und Vanillezucker verrühren.
- Gelatine gut ausdrücken, im Wasserbad auflösen und mit dem Fruchtmark vermischen, Sauerrahm unter die Masse ziehen, Creme für 1 Stunde kühl stellen.
- Fertige Gebäckstücke aus dem Ofen nehmen und auskühlen lassen.
- Die Ringe aufschneiden (Bild 2) und mit einem Dressiersack die Creme auf die untere Hälfte spritzen.
- Falls gewünscht, die Creme noch mit einigen Früchten belegen (Bild 3), anschließend den Deckel wieder daraufsetzen.
- Die Ringe vor dem Servieren mit Staubzucker bestreuen.

Eclairs

Am häufigsten werden Eclairs mit einer einfachen Oberscreme (Rezept siehe S. 60) gefüllt und mit Schokoladeglasur verziert. Alternativ kann hier eine Kaffeecreme verwendet werden. Die Glasur sollte zur Geschmacksrichtung der Füllung passen – so harmoniert die Kaffeecreme natürlich mit Kaffeeglasur am besten!

Zutaten für ca. 12 Stück

TEIG

Rezept siehe S. 60

FÜLLUNG

1 P.	Dr. Oetker Paradies-Creme Milchkaffee
300 ml	Milch

GLASUR

30 g	sehr starker Espresso
ca. 150 g	Staubzucker

Zubereitung

- Den Brandteig wie auf S. 60 beschrieben herstellen.
- Die Masse in einen Dressiersack mit großer Sterntülle füllen und auf ein mit Backpapier ausgelegtes Backblech zwölf etwa 12 cm lange Stangerln (Eclairs) dressieren (Bild 1).
- Diese im vorgeheizten Backofen bei 190 °C Heißluft 20 Minuten backen (15 Minuten lang keinesfalls die Backofentür öffnen).
- Für die Füllung die Creme nach Packungsanleitung zubereiten.
- Fertige Gebäckstücke aus dem Ofen nehmen und auskühlen lassen (Bild 2).
- Die Eclairs aufschneiden und mit einem Dressiersack die Creme auf die untere Hälfte spritzen (Bild 3), anschließend den Deckel wieder daraufsetzen.
- Für die Glasur den Espresso mit Staubzucker zu gewünschter Konsistenz vermischen und die Eclairs damit glasieren (alternativ kann natürlich über Wasserbad geschmolzene Schokolade als Glasur verwendet werden).

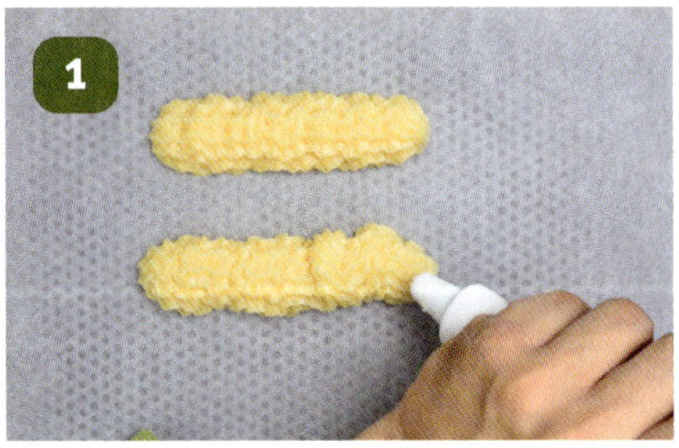

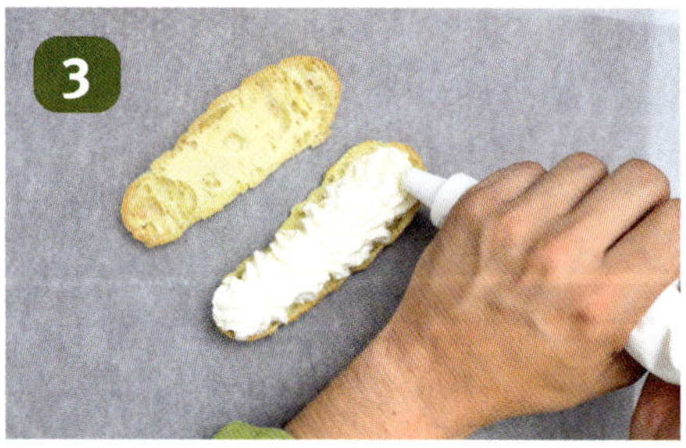

In Fett Gebackenes

Kapitel 2

Bio-Bauernkrapfen

(Rezept siehe Seite 68)

Bio-Bauernkrapfen

(Foto siehe S. 67)

Knetzeit:
3 Minuten langsam, 9 Minuten intensiver, Gesamt 12 Minuten

Teigruhe nach dem Kneten:
30 Minuten

Gehzeit vor dem Backen:
ca. 30–40 Minuten + 5 Minuten

Fetttemperatur:
165 °C

Backzeit:
ca. 3 Minuten pro Seite

Krapfen haben das ganze Jahr über Saison, nicht zur Faschingszeit. Besonders Bauernkrapfen sind in ganz Österreich unter verschiedenen Namen weit verbreitet und werden zu verschiedensten Anlässen gebacken.

Zutaten für 8 Stück

TEIG

500 g	Bio-Weizenmehl Type 480 Universal
7 g	Salz
5 g	Backprofis Bio-Gerstenmalzmehl oder Bio-Honig
70 g	Bio-Zucker
80 g	Bio-Butter (handwarm)
8 g	Vanillezucker (1 P.)
1	Bio-Ei (Größe M)
2	Bio-Eidotter (Größe M)
5 g	Rum (38 %)
30 g	frische Hefe (3/4 Würfel)
200 g	Bio-Milch 36 °C (lauwarm)

Abrieb einer halben Bio-Zitrone und Orange (Schale zum Verzehr geeignet)

Fett zum Backen (z. B. Frivissa, Ceres oder handelsübliches Sonnenblumenöl)

Marmelade (Konfitüre) zum Füllen

Staubzucker (Puderzucker) zum Bestreuen

Zubereitung

- Alle Teigzutaten genau einwiegen und dann den Teig wie angegeben kneten (die Konsistenz des Teiges sollte eher weich sein, dann werden die Krapfen sehr flaumig).
- Teig nach dem Kneten mit einem Geschirrtuch abdecken, bei Raumtemperatur 30 Minuten rasten lassen.
- Den Teig auf eine leicht bemehlte Arbeitsfläche geben und in 8 Stücke zu je ca. 125 g teilen (Bild 1).
- Die Teiglinge mit der Handfläche rund schleifen (ganz locker, nicht zu fest andrücken; Bild 2).
- Die Teigkugeln auf ein leicht bemehltes Bäckerleinen oder Geschirrtuch legen.
- Mit einem zweiten Tuch abdecken und die Teigkugeln fest niederdrücken (Bild 3), damit sie zu gleichmäßigen Teigscheiben aufgehen.
- Bei Raumtemperatur 30–40 Minuten gehen lassen (damit die Krapfen besonders schön aufgehen, kann man diese auch bei 40 °C im Backofen gehen lassen).
- Die Oberfläche der Krapfen immer wieder leicht mit Wasser besprühen, damit der Teig nicht austrocknet. In der Zwischenzeit das Fett erwärmen (optimale Temperatur: ca. 165 °C).
- Wenn die Krapfen schön aufgegangen sind, abdecken und mit den Fingern eine Vertiefung in die Mitte der Krapfen drücken (Bild 4).
- Weitere 5 Minuten bei Raumtemperatur gehen lassen, nicht zudecken, so dass sich an der Oberfläche eine leichte Haut bildet.
- Die Krapfen mit der eingedrückten Oberseite nach unten in das heiße Fett einlegen (Bild 5 und 6) und ca. 3 Minuten zugedeckt backen (Bild 7).
- Umdrehen (Bild 8) und wieder ca. 3 Minuten von der anderen Seite backen – ebenfalls mit geschlossenem Deckel (die Backzeit ist abhängig von der Temperatur des Fettes!).
- Anschließend die Krapfen aus dem Fett nehmen (Bild 9) und auf eine Küchenrolle legen.
- Die Krapfen kurz auskühlen lassen und in die Vertiefungen Marmelade füllen.
- Vor dem Servieren mit etwas Staubzucker (Puderzucker) bestreuen.

1
2
3
4
5
6
7
8
9

Gebackene Mäuse

(Anleitungsbilder siehe S. 72)

Knetzeit:
3 Minuten langsam, 7 Minuten intensiver, 1 Minute Rosinen unterheben, gesamt 11 Minuten

Teigruhe nach dem Kneten:
30 Minuten

Gehzeit vor dem Backen:
ca. 20 Minuten

Fetttemperatur:
165 °C

Backzeit:
ca. 2 Minuten pro Seite

Solche Mäuse hat man doch gerne in seiner Küche! Lauwarm mit Vanillesauce serviert, freuen sich Kinder besonders über dieses Gebäck und so mancher Erwachsene wird bei dem himmlischen Geschmack an seine eigene Kindheit erinnert.

Zutaten für ca. 16 Stück

TEIG

250 g	Bio-Weizenmehl Type 480 Universal
3 g	Salz
2 g	Backprofis Bio-Gerstenmalzmehl oder Bio-Honig
30 g	Bio-Zucker
30 g	Bio-Butter (handwarm)
8 g	Vanillezucker
1	Bio-Ei (Größe M)
15 g	frische Hefe (1/3 Würfel)
80 g	Bio-Milch 36 °C (lauwarm)
50 g	Bio-Rosinen

Fett zum Backen (z. B. Frivissa, Ceres oder handelsübliches Sonnenblumenöl)

200 g Bio-Zucker und 5 g Bio-Zimt zum Wälzen

Zubereitung

- Alle Teigzutaten genau einwiegen und dann den Teig wie angegeben kneten (die Rosinen erst am Ende des Knetvorgenges langsam unterheben).
- Den Teig nach dem Kneten mit einem Geschirrtuch abdecken und bei Raumtemperatur 30 Minuten rasten lassen.
- Den Teig auf eine leicht bemehlte Arbeitsfläche geben, das ganze Teigstück rund formen (wirken; Bild 1).
- Die Teigkugel mit einem Geschirrtuch abdecken und weitere 20 Minuten bei Raumtemperatur gehen lassen.
- In der Zwischenzeit das Fett erwärmen (optimale Temperatur: ca. 165 °C).
- Die Teigkugel etwas flach drücken, das obere Ende locker zur Mitte einschlagen, ebenso das untere Ende in die Mitte drücken (Bild 2) und den Teig von oben nach unten einrollen.
- Mit beiden Händen und etwas Druck zu einem ca. 45 cm langen Teigstrang rollen (Bild 3).
- Mit einer Teigkarte gleichmäßige, nicht zu große Teigstücke abstechen (Bild 4), denn die Mäuse gehen beim Backen noch einmal auf.
- Anschließend direkt ins heiße Fett legen (Bild 5) und von beiden Seiten gleichmäßig backen (Bild 6), der Deckel muss nicht geschlossen werden.
- Die gebackenen Mäuse aus dem Fett nehmen (Bild 7), auf eine Küchenrolle legen und kurz abtropfen lassen
- Zucker und Zimt vermischen und die gebackenen Mäuse in der Zucker-Zimt-Mischung wälzen (Bild 8).

Anleitungsbilder zu den gebackenen Mäusen (Rezept siehe S. 71)

Bio-Topfenbällchen

(Rezept siehe Seite 74)

Bio-Topfenbällchen

(Foto siehe S. 73)

Knetzeit:
2 Minuten intensiv mit dem Handmixgerät

Teigruhe nach dem Kneten:
30 Minuten im Kühlschrank

Gehzeit vor dem Backen:
keine

Fetttemperatur:
165 °C

Backzeit:
ca. 3–4 Minuten

Die kleinen Bällchen haben es in sich – besonders im warmen Zustand sind sie einfach unwiderstehlich! Nach dem Backen können die kleinen Kugeln noch mit Nougat oder Ribiselmarmelade (Johannisbeerkonfitüre) gefüllt werden. Schmecken werden sie in jedem Fall. Und die Zubereitung dauert nur wenige Minuten.

Zutaten

TEIG

150 g	Bio-Weizenmehl Type 480 Universal
8 g	Backpulver (z. B. Weinstein)
250 g	Bio-Speisetopfen (Quark) (40 % F. i. Tr.)
2 g	Salz
1	Bio-Ei (Größe M)
150 g	Bio-Zucker
5 g	Zitronensaft oder Abrieb einer halben Bio-Zitrone (Schale zum Verzehr geeignet)

Fett zum Backen (z. B. Frivissa, Ceres oder handelsübliches Sonnenblumenöl)

200 g Bio-Zucker und 5 g Bio-Zimt zum Wälzen

1 Gefrierbeutel oder 1 Spritzsack

Zubereitung

- Mehl und Backpulver einwiegen und vermischen.
- Die restlichen Teigzutaten genau einwiegen und den Teig wie angegeben mixen.
- Den eher flüssigen Teig in einen Gefrierbeutel oder Spritzsack füllen und mindestens 30 Minuten im Kühlschrank rasten lassen.
- In der Zwischenzeit das Fett erwärmen (optimale Temperatur: ca. 165 °C).
- Den gefüllten Gefrierbeutel unten mit einer Schere in einer Ecke ca. 2 cm breit aufschneiden.
- Ein Messer kurz in das heiße Fett tauchen, die Topfenmasse aus dem Spritzsack direkt ins heiße Fett drücken und mithilfe des Messers kleine „Portionen" an der Spritzsack-Spitze abschneiden (Bilder 1 und 2).
- Anschließend die Bällchen von beiden Seiten gleichmäßig goldgelb backen (Bilder 3 und 4), durch das Backen und Wenden erhalten sie eine gleichmäßige runde Form.
- Die Topfenbällchen aus dem Fett nehmen (Bild 5), auf eine Küchenrolle legen und nur kurz abtropfen lassen.
- Zucker und Zimt vermischen und die Bällchen in der Zucker-Zimt-Mischung wälzen (Bild 6).

Nach dem Wälzen können die Bällchen noch mithilfe einer Gebäckspritze beliebig gefüllt werden.

1
2
3
4
5
6

Bio-Strauben
aus Krapfenteig

(Anleitungsbilder siehe S. 78–79)

Knetzeit:
3 Minuten langsam, 9 Minuten intensiver, Gesamt 12 Minuten

Teigruhe nach dem Kneten:
30 Minuten + 20 Minuten

Gehzeit vor dem Backen:
ca. 30–40 Minuten

Fetttemperatur:
165 °C

Backzeit:
ca. 3 Minuten pro Seite

Aus Krapfenteig werden auch die hausgemachten Strauben hergestellt. Meine Oma liebt dieses Gebäck. Da die Zubereitung sehr einfach ist, bringe ich immer wieder gerne welche mit, wenn ich bei ihr zu Besuch bin.

Zutaten für 10 Stück

TEIG

500 g	Bio-Weizenmehl Type 480 Universal
7 g	Salz
5 g	Backprofis Bio-Gerstenmalzmehl oder Bio-Honig
70 g	Bio-Zucker
80 g	Bio-Butter (handwarm)
8 g	Vanillezucker
1	Bio-Ei (Größe M)
2	Bio-Eidotter (Größe M)
5 g	Rum (38 %)
30 g	frische Hefe (3/4 Würfel)
200 g	Bio-Milch 36 °C (lauwarm)

Abrieb einer halben Bio-Zitrone und Orange (Schale zum Verzehr geeignet)

Fett zum Backen (z. B. Frivissa, Ceres oder handelsübliches Sonnenblumenöl)

Staubzucker (Puderzucker) zum Bestreuen

Zubereitung

- Alle Teigzutaten genau einwiegen, danach den Teig wie angegeben kneten.
- Die Konsistenz des Teiges sollte eher weich sein, dann werden die Strauben sehr flaumig.
- Den Teig nach dem Kneten mit einem Geschirrtuch abdecken und bei Raumtemperatur 30 Minuten rasten lassen.
- Den Teig auf eine leicht bemehlte Arbeitsfläche geben (Bild 1, S. 78).
- Das ganze Teigstück rund formen (wirken; Bild 2).
- Die Teigkugel mit einem Geschirrtuch abdecken und weitere 20 Minuten bei Raumtemperatur rasten lassen (Bild 3).
- Mit einem Rund- oder Nudelholz den Teig auf einer gut bemehlten Arbeitsfläche fingerdick (ca. 1 cm) zu einem Rechteck (ca. 40 cm lang und 32 cm breit) ausrollen (Bild 4).
- Die Oberfläche des Teiges wieder leicht bemehlen und den Teig mit einem Geschirrtuch abdecken.
- Bei Raumtemperatur 30–40 Minuten gehen lassen (damit die Strauben besonders schön aufgehen, kann man den Teig auf ein bemehltes Backblech geben, mit einem Geschirrtuch abdecken und bei 40 °C im Backofen gehen lassen).
- Die Oberfläche immer wieder leicht mit Wasser besprühen, damit der Teig nicht austrocknet.

Fortsetzung Rezept siehe S. 78

Anleitungsbilder zu den Strauben (Rezept siehe S. 77)

- In der Zwischenzeit das Fett erwärmen (optimale Temperatur: ca. 165 °C).
- Wenn der Teig schön aufgegangen ist, abdecken und mit einer Teigkarte oder einem scharfen Messer entlang der Breitseite in 5 jeweils ca. 8 cm breite Streifen schneiden .
- Die Teigstücke in der Mitte halbieren, so dass insgesamt 10 Strauben entstehen (Bild 5).
- Mit der Teigkarte in die Mitte jeder Straube zwei Schnitte machen, so wird die typische Form sichtbar (Bild 6).
- Die Strauben weitere 5 Minuten bei Raumtemperatur gehen lassen, nicht abdecken, so dass sich an der Oberfläche eine leichte Haut bildet (Bild 7).
- Die Strauben mit der Oberseite nach unten in das heiße Fett einlegen (Bilder 8 und 9) und 3 Minuten zugedeckt backen (Bild 10).
- Anschließend umdrehen (Bild 11) und wieder 3 Minuten von der anderen Seite backen (die Backzeit ist abhängig von der Temperatur des Fettes!).
- Strauben aus dem Fett nehmen (Bild 12) und auf eine Küchenrolle legen, vor dem Servieren mit etwas Staubzucker (Puderzucker) bestreuen.

5

6

7

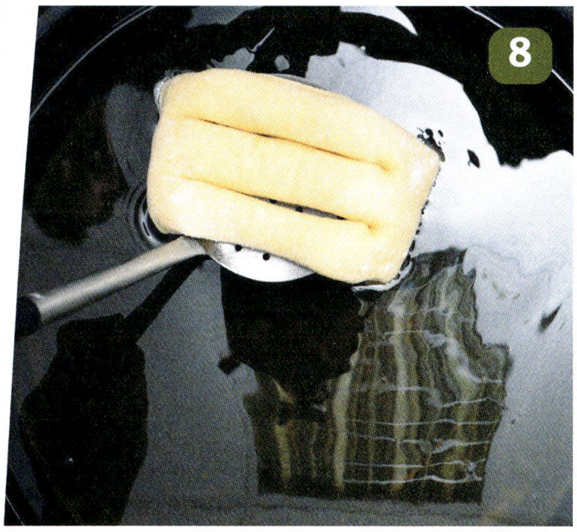
8

9

10

11

12

Spezialgebäck im Jahreslauf

• Ostern • Allerheiligen • Weihnachten

Kapitel 3

Bio-Osterkranz

(Rezept siehe Seite 82)

Bio-Osterkranz

(Foto siehe S. 81)

Knetzeit:
3 Minuten langsam, 7 Minuten intensiver, gesamt 10 Minuten

Teigruhe nach dem Kneten:
20 Minuten + 15 Minuten

Gehzeit vor dem Backen:
ca. 30 Minuten

Backzeit:
ca. 17–19 Minuten bei 170 °C Heißluft oder 190 °C Ober-/Unterhitze

Dieser geflochtene Osterkranz sieht mit einem gefärbten Osterei in der Mitte aus wie ein kleines Osternest. In Cellophan hübsch verpackt eignet sich der Osterkranz hervorragend als Geschenk oder als Mitbringsel für die Osterparty!

Zutaten für 6 Kränze

TEIG

500 g	Bio Weizenmehl Type 480 Universal
7 g	Salz
75 g	Bio-Zucker
90 g	Bio-Butter (handwarm)
8 g	Vanillezucker oder eine Vanilleschote
1	Bio-Ei (Größe M)
42 g	frische Hefe (1 Würfel)
200 g	Bio-Milch 36 °C (lauwarm)

1 Bio-Ei (Größe M) und 1 Schuss Milch zum Bestreichen

etwas Hagelzucker zum Bestreuen

6 hart gekochte, gefärbte Eier

Zubereitung

- Alle Teigzutaten genau einwiegen und den Teig wie angegeben kneten.
- Den Teig nach dem Kneten mit einem Geschirrtuch abdecken und bei Raumtemperatur 20 Minuten rasten lassen.
- Den Teig auf eine leicht bemehlte Arbeitsfläche geben und sechs gleich große Teigstücke zu je ca. 160 g auswiegen (Bild 1).
- Die Teigstücke rund formen (schleifen) und zugedeckt nochmals ca. 15 Minuten bei Raumtemperatur rasten lassen (Bild 2).
- Jede Teigkugel mit einer Teigkarte dritteln (Bild 3) und aus den Teigstücken längliche Teigstränge (ca. 30 cm) formen (Bild 4).
- Die Teigstränge ganz leicht bemehlen, jeweils drei Stränge an einem Ende zusammendrücken, 2 Stränge nach rechts, einen nach links legen (Bild 5).
- Nun den Strang rechts außen über den mittleren Strang zum linken Strang legen (Bild 6), dann den Strang links außen über den mittleren Strang zum rechten Strang legen (Bild 7).
- Auf diese Weise abwechselnd fortfahren und relativ lockere Striezel flechten (Bilder 8 und 9).
- Die Striezel auf mit Backpapier ausgelegte Backbleche legen und die Enden verbinden, sodass eine Kranzform entsteht (Bild 10).
- Die Oberflächen gut mit Wasser befeuchten und die Kränze ca. 30 Minuten bei Raumtemperatur zugedeckt gehen lassen.
- In der Zwischenzeit den Backofen auf 170 °C Heißluft oder 190 °C Ober-/Unterhitze vorheizen.
- Ei und Milch vermischen, die Osterkränze vor dem Backen gleichmäßig mit der Ei-Milch-Mischung bestreichen (Bild 11) und mit reichlich Hagelzucker bestreuen (Bild 12).
- Die Kränze in den Backofen schieben und auf der mittleren Schiene bei leicht geöffneter Backofentür backen.
- Nach dem Backen sofort je ein gefärbtes Ei in die Mitte der Kränze legen.

1
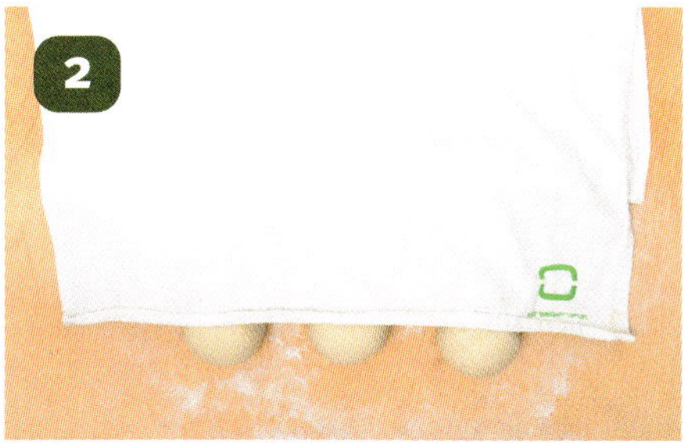
2

3
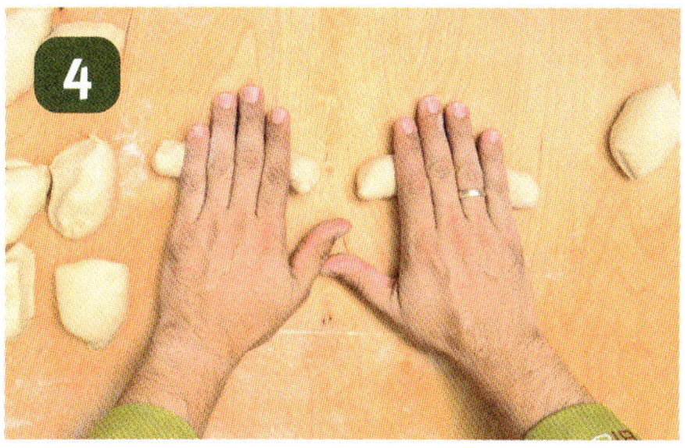
4
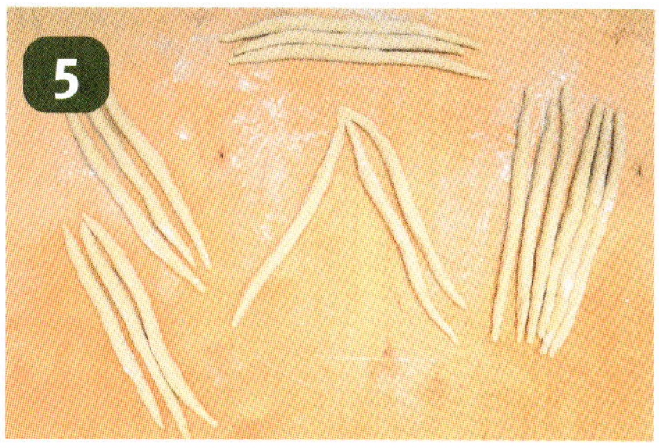
5

6

7

8

9

10

11

12

Steirisches Bio-Osterbrot

Knetzeit:
3 Minuten langsam,
7 Minuten intensiver,
1 Minute Rosinen unterheben,
gesamt 10 Minuten

Teigruhe nach dem Kneten:
20 Minuten

Gehzeit vor dem Backen:
ca. 30–40 Minuten

Backzeit:
ca. 28–30 Minuten bei 180 °C Heißluft oder 200 °C Ober-/Unterhitze

Zur Osterjause darf ein selbst gemachtes Milchbrot auf keinen Fall fehlen. In der Steiermark gibt es viele verschiedene Osterbrot-Varianten in unterschiedlichen Geschmacksrichtungen. Hier das Rezept für meinen „Klassiker".

Zutaten für 2 Osterbrote

TEIG

600 g	Bio-Weizenmehl Type 480 Universal
8 g	Salz
5 g	Backprofis Bio-Gerstenmalzmehl oder Honig
75 g	Bio-Zucker
60 g	Bio-Butter (handwarm)
42 g	frische Hefe (1 Würfel)
345 g	Bio-Milch 36 °C (lauwarm)
80 g	Bio-Rosinen (am Vortag mit 10 g Rum und 10 g Wasser angesetzt)

1 Bio-Ei (Größe M) und 1 Schuss Milch zum Bestreichen

Zubereitung

- Alle Teigzutaten genau einwiegen und den Teig wie angegeben kneten (die Rum-Rosinen erst am Ende der Knetzeit langsam unterheben).
- Teig nach dem Kneten mit einem Geschirrtuch abdecken, bei Raumtemperatur 20 Minuten rasten lassen.
- Den Teig auf eine leicht bemehlte Arbeitsfläche geben und zwei gleich große Teigstücke auswiegen.
- Die beiden Teigstücke rund formen (wirken; Bild 1) und auf ein mit Backpapier ausgelegtes Backblech geben.
- Die Oberfläche gut mit Wasser befeuchten und 30–40 Minuten bei Raumtemperatur zugedeckt gehen lassen (Bild 2).
- In der Zwischenzeit den Backofen auf 180 °C Heißluft oder 200 °C Ober-/Unterhitze vorheizen.
- Ei und Milch vermischen und die Osterbrote vor dem Backen gleichmäßig mit der Ei-Milch-Mischung bestreichen (Bild 3).
- Mit einer Nadel die beiden Brote ca. 20-mal bis zum Boden gut durchstechen.
- In den Backofen schieben und auf der mittleren Schiene bei leicht geöffneter Backofentür backen.
- Die Osterbrote nach dem Backen auf einem Rost gut auskühlen lassen.

REZEPT MIT VIDEO!

Einfach den abgebildeten QR-Code scannen oder unter www.derbackprofi.at ansehen!

Bio-Butterpinzen

Knetzeit:
3 Minuten langsam, 7 Minuten intensiver, gesamt 10 Minuten

Teigruhe nach dem Kneten:
30 Minuten

Gehzeit vor dem Backen:
ca. 30–45 Minuten

Backzeit:
ca. 30 Minuten bei 170 °C Heißluft oder 190 °C Ober-/Unterhitze

Eine frische Pinze schmeckt immer, nicht nur zu Ostern. Ob mit Butter und Marmelade oder herzhaft mit Schinken und Käse. Der Teig ist durch den hohen Butter- und Zuckergehalt sehr schwer und braucht viel Wärme zum Aufgehen.

Zutaten für 3 Butterpinzen

TEIG

120 g	Bio-Milch (38 °C)
125 g	Bio-Butter (handwarm)
500 g	Bio-Weizenmehl Type 480 Universal
7 g	Salz
90 g	Bio-Zucker
42 g	frische Hefe (1 Würfel)
2	Bio-Eidotter (Größe M)
20 g	Rum
40 g	Weißwein (trocken)

Abrieb einer halben Bio-Zitrone und Orange (Schale zum Verzehr geeignet)

1 Bio-Ei (Größe M) und 1 Schuss Milch zum Bestreichen

Zubereitung

- Die Milch mit der Butter auf ca. 38 °C erwärmen.
- Die restlichen Teigzutaten genau einwiegen und den Teig wie angegeben kneten.
- Den Teig nach dem Kneten mit einem Geschirrtuch abdecken und bei Raumtemperatur oder im Backofen bei 40 °C 30 Minuten rasten lassen.
- Den Teig auf eine leicht bemehlte Arbeitsfläche geben und drei gleich große Teigstücke auswiegen (Bild 1).
- Die Teigstücke rund formen (schleifen; Bild 2) und auf ein mit Backpapier ausgelegtes Backblech geben.
- Die Oberfläche gut mit Wasser befeuchten und 30–45 Minuten bei hoher Raumtemperatur oder im Backofen bei 40 °C gehen lassen, zwischendurch immer wieder ganz leicht mit Wasser besprühen, damit die Oberfläche der Pinzen nicht austrocknet. In der Zwischenzeit den Backofen auf 170 °C Heißluft oder 190 °C Ober-/Unterhitze vorheizen.
- Ei und Milch verquirlen und die Pinzen damit gleichmäßig bestreichen.
- Die Pinzen ca. 5 Minuten trocknen lassen (absteifen).
- Mit einer eingeölten Schere die Pinzen dreimal von oben ganz durchschneiden (Bild 3).
- Anschließend das Backblech sofort in den vorgeheizten Backofen schieben.
- Die Pinzen auf der mittleren Schiene des Backofens bei leicht geöffneter Backofentür backen.
- Nach dem Backen auf einem Rost gut auskühlen lassen.

1

2

3

REZEPT MIT VIDEO!

Einfach den abgebildeten QR-Code scannen oder unter www.derbackprofi.at ansehen!

Bio-Brioche-Osterbrot

Knetzeit:
3 Minuten langsam, 7 Minuten intensiver, gesamt 10 Minuten

Teigruhe nach dem Kneten:
20 Minuten

Gehzeit vor dem Backen:
ca. 30–40 Minuten

Backzeit:
ca. 28–30 Minuten bei 170 °C Heißluft oder 180 °C Ober-/Unterhitze

Ein Brioche-Brot schmeckt nicht nur zu Ostern. Am Sonntag zum Frühstück erfreut es auch unter dem Jahr die ganze Familie. Eingewickelt in Frischhaltefolie bleibt es besonders lange saftig.

Zutaten für 2 Brote

TEIG	
500 g	Bio-Weizenmehl Type 480 Universal
7 g	Salz
90 g	Bio-Zucker
90 g	Bio-Butter (handwarm)
20 g	Rum (38 %)
2	Bio-Eidotter (Größe M)
42 g	frische Hefe (1 Würfel)
200 g	Bio-Milch 36 °C (lauwarm)

Abrieb einer halben Bio-Zitrone und Orange (Schale zum Verzehr geeignet)

1 Bio-Ei (Größe M) und 1 Schuss Milch zum Bestreichen

etwas Hagelzucker und Mandelblättchen zum Bestreuen

Zubereitung

- Alle Teigzutaten genau einwiegen und den Teig wie angegeben kneten.
- Den Teig nach dem Kneten mit einem Geschirrtuch abdecken und bei Raumtemperatur 20 Minuten rasten lassen.
- Den Teig auf eine leicht bemehlte Arbeitsfläche geben und zwei gleich große Teigstücke auswiegen.
- Die beiden Teigstücke rund formen (wirken; Bild 1) und auf ein mit Backpapier ausgelegtes Backblech geben.
- Die Oberfläche gut mit Wasser befeuchten und 30–40 Minuten bei Raumtemperatur zugedeckt gehen lassen.
- In der Zwischenzeit den Backofen auf 170 °C Heißluft oder 180 °C Ober-/Unterhitze vorheizen.
- Ei und Milch vermischen und die beiden Brote vor dem Backen gleichmäßig mit der Ei-Milch-Mischung bestreichen.
- Mit einer Stricknadel ca. 20-mal bis zum Boden gut durchstechen (Bild 2).
- Mit reichlich Hagelzucker und Mandelblättchen bestreuen (Bild 3).
- Die Brote in den Backofen schieben und auf der mittleren Schiene bei leicht geöffneter Backofentür backen.
- Die Brote nach dem Backen auf einem Rost gut auskühlen lassen.

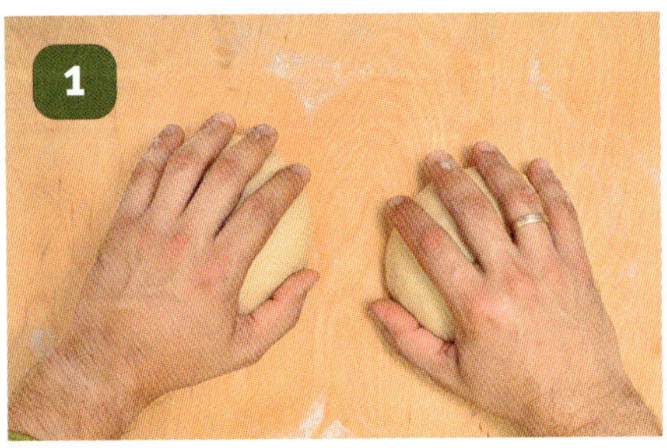

REZEPT MIT VIDEO!

Einfach den abgebildeten QR-Code scannen oder unter www.derbackprofi.at ansehen!

Bio-Allerheiligenstriezel (4er-Zopf)

(Anleitungsbilder siehe S. 92)

Knetzeit:
3 Minuten langsam, 7 Minuten intensiver, gesamt 10 Minuten

Teigruhe nach dem Kneten:
20 Minuten + 10 Minuten

Gehzeit vor dem Backen:
ca. 30 Minuten

Backzeit:
ca. 28 Minuten bei 170 °C Heißluft oder 180 °C Ober-/Unterhitze

Zu Allerheiligen hat der Striezel in der Steiermark ganz große Tradition. In vielen Regionen ist es üblich, sein Patenkind damit zu beschenken. Über diesen schmackhaften Striezel wird sich aber garantiert jeder freuen – und das nicht nur zu Allerheiligen!

Zutaten für 2 Striezel

TEIG

510 g	Bio-Weizenmehl Type 480 Universal
7 g	Salz
5 g	Backprofis Bio-Gerstenmalzmehl oder Honig
60 g	Bio-Zucker
8 g	Vanillezucker
60 g	Bio-Butter (handwarm)
10 g	Rum (38 %)
30 g	frische Hefe (3/4 Würfel)
270 g	Bio-Milch (36 °C)

Abrieb einer halben Bio-Zitrone und Orange (Schale zum Verzehr geeignet)

1 Bio-Ei (Größe M) und 1 Schuss Milch zum Bestreichen

etwas Hagelzucker zum Bestreuen

Zubereitung

- Alle Teigzutaten genau einwiegen und den Teig wie angegeben kneten.
- Den Teig nach dem Kneten mit einem Geschirrtuch abdecken und bei Raumtemperatur 20 Minuten rasten lassen.
- Den Teig auf eine leicht bemehlte Arbeitsfläche geben, acht Teigstücke zu je ca. 120 g auswiegen und rund formen (schleifen; Bild 1, S. 92), nochmals ca. 10 Minuten zugedeckt bei Raumtemperatur rasten lassen.
- Dann die Teigkugeln etwas flach drücken (Bild 2), von oben und unten zur Mitte einschlagen (Bild 3), mit etwas Druck rollen und zu länglichen Teigsträngen (ca. 30 cm) formen (Bild 4).
- Die Teigstränge ganz leicht bemehlen, jeweils vier Teigstränge an einem Ende zusammendrücken, den 2. mit der linken und den 4. Strang mit der rechten Hand hochheben (Bild 5), den Strang in der rechten Hand nach links unter dem Strang in der linken Hand ablegen, den Strang in der linken Hand nach rechts ablegen. Nun immer die äußersten Stränge abwechselnd von rechts nach links und umgekehrt legen (Bilder 6 und 7) und relativ locker zu Striezeln flechten.
- Auf ein mit Backpapier ausgelegtes Backblech legen, die Oberfläche gut mit Wasser befeuchten und die Striezel ca. 30 Minuten bei Raumtemperatur zugedeckt gehen lassen.
- In der Zwischenzeit den Backofen auf 170 °C Heißluft oder 180 °C Ober-/Unterhitze vorheizen.
- Ei und Milch vermischen und die Striezel vor dem Backen gleichmäßig mit der Ei-Milch-Mischung bestreichen. Mit reichlich Hagelzucker bestreuen (Bild 8).
- Die Striezel in den Backofen schieben und auf der mittleren Schiene bei leicht geöffneter Backofentür backen.
- Nach dem Backen auf einem Rost gut auskühlen lassen.

Anleitungsbilder zum Allerheiligenstriezel (Rezept siehe S. 91)

Steirisches Bio-Kletzenbrot

(Rezept siehe Seite 94)

Steirisches Bio-Kletzenbrot

(Foto siehe S. 93)

Knetzeit:
5 Minuten langsam, 4 Minuten intensiver, 2 Minuten Früchte unterheben, gesamt 11 Minuten

Teigruhe nach dem Kneten:
30 Minuten

Gehzeit vor dem Backen:
ca. 30–45 Minuten

Backzeit:
ca. 30–35 Minuten bei 220 °C Heißluft fallend auf 175 °C

Jedes Jahr um die Weihnachtszeit freue ich mich auf dieses saftige Brot. Alleine der Duft, den es beim Backen verströmt, lässt mich richtig ungeduldig werden. Dabei sollte das fertige Kletzenbrot mindestens einen Tag auskühlen, damit sich der Geschmack der feinen Früchte optimal entfalten kann. Aber ganz ehrlich: Ich kann mich nicht erinnern, dass ich jemals so lange gewartet hätte!

Zutaten für 2 Brote

FRÜCHTEANSATZ

150 g	Bio-Kletzen (gedörrte Birnen)
75 g	Bio-Feigen, halbiert
125 g	Bio-Pflaumen, ganz
70 g	Bio-Rosinen
50 g	Bio-Mandeln
70 g	Bio-Haselnüsse, ganz
5 g	Bio-Zimt
25 g	Rum
65 g	Bio-Zucker

HAUPTTEIG

200 g	Bio-Roggenmehl Type 960
50 g	Bio-Weizenmehl Type 1600 oder Type 480 Universal
5 g	Salz
16 g	Backprofis Bio-Roggenvollkornsauerteig
5 g	Bio-Speiseöl
21 g	frische Hefe (½ Würfel)
190 g	Wasser ca. 34 °C

ganze Mandeln zum Belegen

Zubereitung

- Die Kletzen mit Wasser zum Kochen bringen, mindestens 1 Stunde ganz leicht köcheln lassen, abseihen und in grobe Stücke schneiden.
- Die restlichen Zutaten für den Früchteansatz beimengen, gut durchmischen (Bild 1) und zugedeckt mindestens 12–24 Stunden bei Raumtemperatur ziehen lassen.
- Die Zutaten für den Hauptteig genau einwiegen und wie angegeben kneten (der Teig ist sehr weich!).
- Am Ende des Knetvorganges die Früchte langsam unterheben (Bild 2).
- Den Teig nach dem Kneten mit Roggenmehl gut bemehlen, mit einem Geschirrtuch abdecken und bei Raumtemperatur 30 Minuten rasten lassen. Den Teig auf eine stark bemehlte Arbeitsfläche geben und zwei längliche Gärkörbe (550 g) mit Roggenmehl gut bestauben.
- Den Teig für das Kletzenbrot halbieren, zuerst etwas rund formen (wirken, Bild 3), dann zu zwei Wecken formen (Bild 4) und mit dem Schluss nach oben in die Gärkörbe legen (Bild 5).
- Die Brote mit einem Geschirrtuch abdecken und bei Raumtemperatur ca. 30–45 Minuten gehen lassen.
- In der Zwischenzeit den Backofen auf 220 °C Heißluft vorheizen.
- Die Kletzenbrote vor dem Backen auf ein Backblech stürzen (Bild 6).
- Das Mehl an der Oberfläche etwas abkehren, die Wecken mit Wasser besprühen (Bild 7) und als Verzierung ganze Mandeln in die Brote stecken (Bild 8).
- Noch einmal mit Wasser besprühen und mit einer Stricknadel viele Löcher (bis zum Boden) in die Brote stechen.
- In den vorgeheizten Backofen schieben und mit etwas Dampf backen.
- Wenn die Brote im Backofen sind, die Hitze auf ca. 175 °C Heißluft reduzieren.
- Nach dem Backen die Brote ganz leicht mit Wasser bestreichen oder besprühen und auf einem Küchenrost gut auskühlen lassen.

1

2

3

4

5

6

7

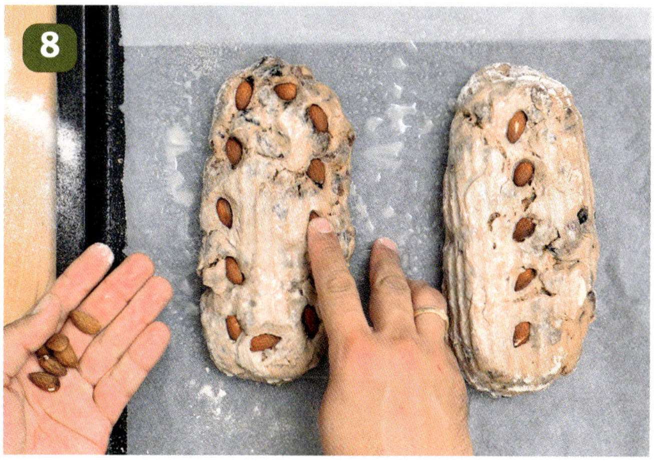
8

Bio-Topfenstollen

(Anleitungsfotos siehe S. 98)

Knetzeit:
3 Minuten langsam,
7 Minuten intensiver,
1 Minute Rosinen unterheben,
gesamt 11 Minuten

Teigruhe nach dem Kneten:
30 Minuten + 5 Minuten

Gehzeit vor dem Backen:
ca. 30 Minuten

Backzeit:
ca. 35 Minuten bei
160 °C Heißluft oder
180 °C Ober-/Unterhitze

Mein erster Topfenstollen war alles andere als gelungen. Ich wusste ganz genau, wie er schmecken sollte, doch davon war er weit entfernt. Ein paar Backversuche später kann ich heute ruhigen Gewissens sagen: Einfach nur nachbacken und genießen!

Zutaten für 1 Stollen (Kastenform mit ca. 1 Liter Inhalt)

TEIG

315 g	Bio-Weizenmehl Type 480 Universal
3 g	Salz
3 g	Backprofis Bio-Gerstenmalzmehl oder Honig
70 g	Bio-Zucker
75 g	Bio-Butter (handwarm)
2	Bio-Eidotter (Größe M)
125 g	Bio-Topfen (20 % F. i. Tr.)
8 g	Vanille Zucker
4 g	Bio-Zitronensaft
21 g	frische Hefe (½ Würfel)
70 g	Wasser 36 °C (lauwarm)
50 g	Bio-Rosinen

20 g Bio-Butter und 30 g Bio-Zucker für die Form

1 Bio-Ei und 1 Schuss Bio-Milch zum Bestreichen

50 g Mandelblättchen und 50 g Hagelzucker zum Bestreuen

Zubereitung

- Alle Teigzutaten genau einwiegen und den Teig wie angegeben kneten.
- Am Ende des Knetvorgangs die Rosinen leicht unterheben.
- Den Teig nach dem Kneten auf eine leicht bemehlte Arbeitsfläche geben, mit einem Geschirrtuch abdecken und bei Raumtemperatur 30 Minuten rasten lassen.
- Die Kastenform mit flüssiger Butter ausstreichen und mit etwas Zucker ausstreuen.
- Den Teig in drei gleich große Teigstücke zu je ca. 260 g teilen.
- Die Teigstücke rund formen (schleifen; Bild 1, S. 98) und nochmals ca. 5 Minuten zugedeckt bei Raumtemperatur rasten lassen.
- Dann die Teigkugeln etwas flach drücken (Bild 2), von oben und unten zur Mitte einschlagen (Bild 3), mit etwas Druck einrollen und zu länglichen Teigsträngen (ca. 30 cm) formen (Bild 4).
- Die Teigstränge ganz leicht bemehlen, an einem Ende zusammen drücken (Bild 5) und relativ locker zu einem Zopf flechten (Bilder 6 und 7), Zopf in die Kastenform legen (Bild 8).
- Den Topfenstollen leicht mit Wasser besprühen und bei Raumtemperatur zugedeckt ca. 30 Minuten gehen lassen.
- Zwischendurch immer wieder ganz leicht mit Wasser befeuchten, damit die Oberfläche nicht austrocknet.
- Den Backofen auf 160 °C Heißluft oder 180 °C Ober-/Unterhitze vorheizen.
- Milch und Ei vermischen und den Topfenstollen vor dem Backen gleichmäßig mit der Ei-Milch-Mischung bestreichen.
- Mit Hagelzucker und Mandelblättchen bestreuen und auf der mittleren Schiene bei leicht geöffneter Backofentür backen.
- Nach dem Backen den Topfenstollen sofort aus der Form nehmen und auf einem Rost auskühlen lassen.

Anleitungsbilder zum Topfenstollen (Rezept siehe S. 97)

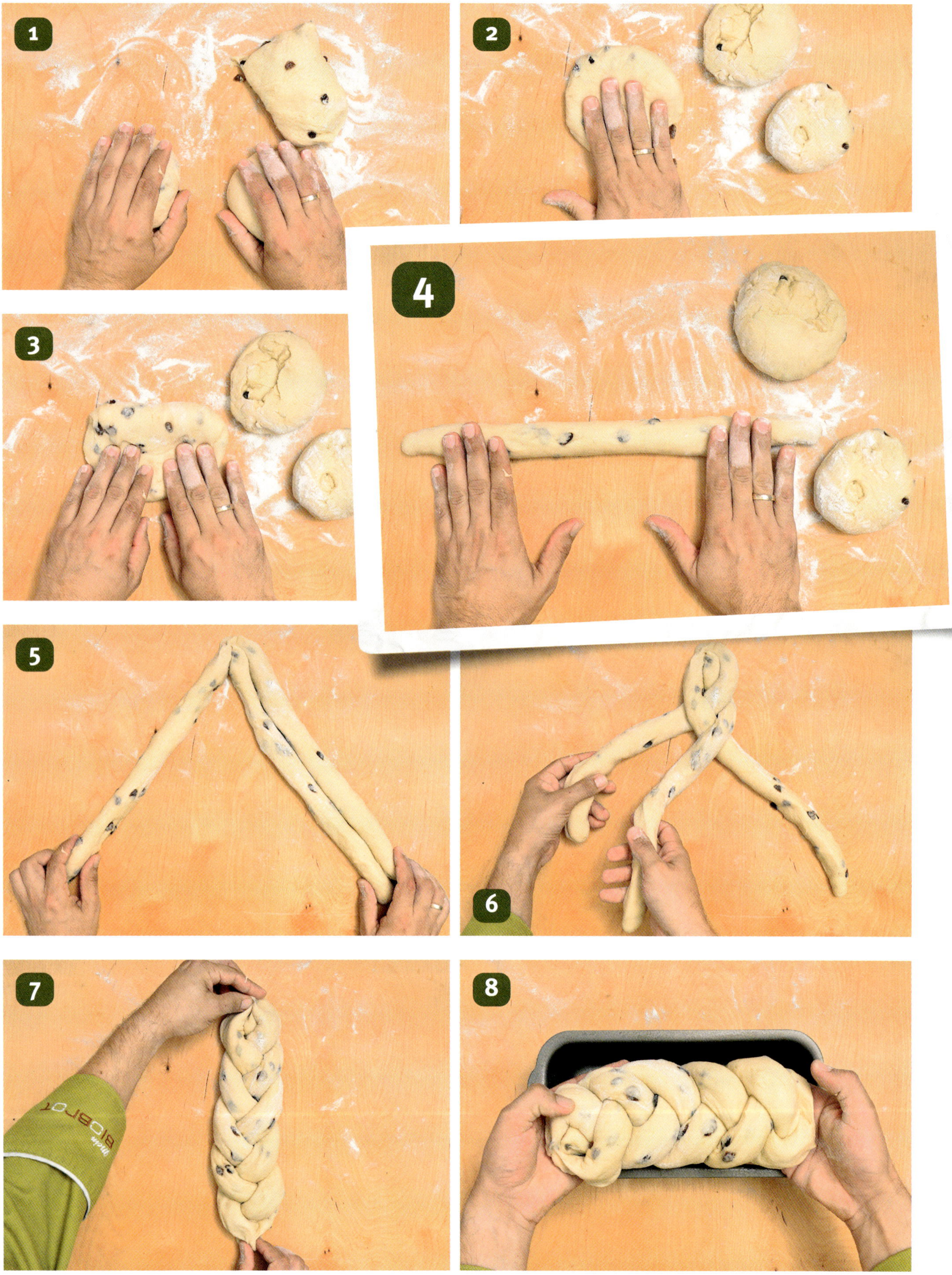

Bio-Weihnachtsstollen

(Rezept siehe Seite 100)

Bio-Weihnachtsstollen

(Foto siehe S. 99)

Knetzeit:
3 Minuten langsam, 7 Minuten intensiver, 2 Minuten Früchte unterheben, gesamt 12 Minuten

Teigruhe nach dem Kneten:
30 Minuten + 5 Minuten

Gehzeit vor dem Backen:
ca. 30 Minuten

Backzeit:
ca. 30 Minuten bei 175 °C Heißluft oder 195 °C Ober-/Unterhitze

Zu Weihnachten verschenke ich sehr gerne selbst gebackene, schön verpackte Weihnachtsstollen. Über dieses ganz persönliche Geschenk hat sich bis heute noch jeder gefreut.

Zutaten für 3 Stollen

FRÜCHTEANSATZ	
100 g	Aranzini
100 g	Walnüsse, fein gehackt
125 g	Bio-Rosinen
100 g	Bio-Mandeln
3 g	Bio-Zimt
15 g	Rum

HAUPTTEIG	
500 g	Bio-Weizenmehl Type 480 Universal
7 g	Salz
65 g	Bio-Zucker
75 g	Bio-Butter (handwarm)
21 g	frische Hefe (½ Würfel)
280 g	Bio-Milch 36 °C (lauwarm)
50 g	Bio-Butter zum Bestreichen
250 g	Staubzucker zum Wälzen

Zubereitung

- Für den Früchteansatz alle Zutaten einwiegen, gut durchmischen (Bild 1) und zugedeckt mindestens 12–24 Stunden bei Raumtemperatur ziehen lassen.
- Die Zutaten für den Hauptteig genau einwiegen und den Teig wie angegeben kneten.
- Am Ende des Knetvorgangs die Früchte langsam unterheben.
- Den Teig nach dem Kneten mit einem Geschirrtuch abdecken und bei Raumtemperatur 30 Minuten rasten lassen.
- Den Teig auf eine leicht bemehlte Arbeitsfläche geben und drei gleich große Teigstücke zu je ca. 460 g auswiegen.
- Die Teigstücke rund formen (wirken) und nochmals etwa 5 Minuten zugedeckt rasten lassen (Bild 2).
- Die Teigkugeln leicht bemehlen und mit einem Rundholz ausrollen (Bild 3; optimale Größe: 20 x 20 cm).
- Den Teig von unten nach oben einschlagen, so dass die typische Stollenform entsteht (Bilder 4, 5 und 6).
- Die Stollen auf ein mit Backpapier ausgelegtes Backblech legen, leicht mit Wasser befeuchten, mit einem Geschirrtuch abdecken und bei Raumtemperatur ca. 30 Minuten gehen lassen.
- Den Backofen in der Zwischenzeit auf 175 °C Heißluft oder 195 °C Ober-/Unterhitze vorheizen.
- Die Stollen nochmals kräftig mit Wasser besprühen und auf der mittleren Schiene mit etwas Dampf backen (während des Backens ein hitzebeständiges Gefäß mit Wasser oder Eiswürfeln in den Ofen stellen).
- Nach dem Backen gegebenenfalls die verbrannten Rosinen an der Außenseite entfernen, die Stollen im noch warmen Zustand von allen Seiten mit flüssiger Butter bestreichen (Bild 7) und in Staubzucker wälzen (Bild 8).
- Auf einem Rost auskühlen lassen.

Bio-Marzipanstollen

mit Cranberries und Marillen

Zutaten für 3 Stollen

FRÜCHTEANSATZ	
100 g	Cranberries
100 g	getrocknete Marillen, halbiert
125 g	Bio-Rosinen
100 g	Bio-Mandeln
3 g	Bio-Zimt
15 g	Rum

HAUPTTEIG
Rezept siehe S. 100

360 g	Marzipan-Rohmasse

50 g	Bio-Butter zum Bestreichen
250 g	Staubzucker zum Wälzen

Niemals werde ich den Tag vergessen, an dem ich diesen Stollen zum ersten Mal gebacken habe. Er hat so gut geschmeckt, dass er innerhalb von nur wenigen Stunden ganz aufgegessen war! Die Kombination aus Früchten, Marzipan und Germteig ist einfach ein Traum und schmeckt nicht nur zur Weihnachtszeit!

Zubereitung

- Für den Früchteansatz alle Zutaten einwiegen, gut durchmischen und zugedeckt mindestens 12–24 Stunden bei Raumtemperatur ziehen lassen.
- Den Teig wie auf S. 100 beschrieben kneten und gehen lassen.
- In der Zwischenzeit aus der Marzipan-Rohmasse sechs Stücke zu je 60 g auswiegen und zu ca. 16 cm langen Würsten rollen (Bild 1).
- Die Teigkugeln leicht bemehlen und mit einem Rundholz ausrollen (optimale Größe: 20 x 20 cm).
- Mit dem Rundholz zwei Vertiefungen eindrücken und in jede Vertiefung eine Marzipanrolle hineinlegen (Bild 2).
- Den Teig von unten nach oben über die Marzipanrollen einschlagen, so dass die typische Stollenform entsteht (Bild 3).
- Die Stollen auf ein mit Backpapier ausgelegtes Backblech legen, leicht mit Wasser befeuchten, mit einem Geschirrtuch abdecken und bei Raumtemperatur ca. 30 Minuten gehen lassen.
- Den Backofen in der Zwischenzeit auf 175 °C Heißluft oder 195 °C Ober-/Unterhitze vorheizen.
- Wie auf S. 100 beschrieben ca. 30 Minuten backen, mit Butter bestreichen und in Zucker wälzen.

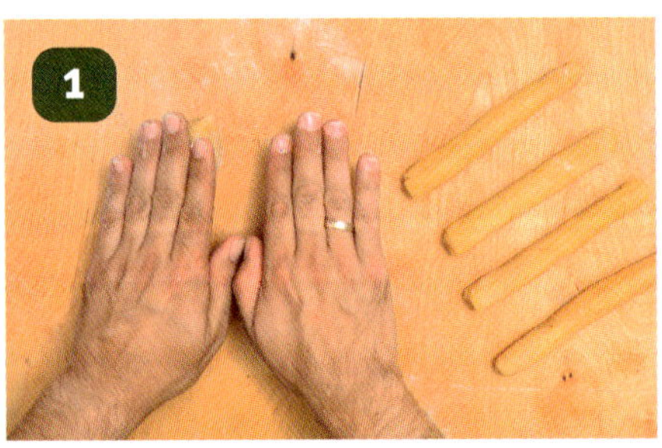

Feingebäck aus Blätterteig

Kapitel 4

Allgemeines
zum Blätterteig

BLÄTTERTEIGFEHLER	MÖGLICHE URSACHEN
das Gebäck zieht sich beim Backen zusammen	der Grundteig ist zu zäh, er wurde zu wenig geknetet der Blätterteig ist zu „jung“, er hat zu kurz gerastet.
der Blätterteig backt „wild“, das Ziehfett tritt aus	der Teig wurde zu wenig touriert die Teigschichten sind zu dick der Backofen ist zu kalt
die Krume ist glitschig	zu kurze Backzeit bei zu heißem Ofen zu feuchte, schwere Füllung
die Gebäckstücke gehen ungleichmäßig auf	fehlerhaftes Tourieren (fettfreie Stellen im Teig) die Schichten wurden teilweise zerstört es wurde ein stumpfes Werkzeug zum Teilen benutzt die Schnittstellen sind mit Ei verklebt
die Gebäckstücke sind „grau“ und haben wenig Glanz	das Mehl wurde vor dem Backen nicht abgekehrt der Teig hat eine „Haut“ bekommen der Grundteig enthält zu wenig Zucker

Kaum jemand macht sich heute noch die Mühe, Blätterteig zu Hause selber zuzubereiten, man greift lieber zu den fertigen Teigen aus dem Supermarkt. Nun ist es mir aber ein besonderes Anliegen, die alte Tradition des Blätterteiges wieder hochleben zu lassen, denn ich möchte allen bewusst machen, was für ein toller Geschmack entsteht, wenn man sich die Arbeit antut, den Butterziegel selbst in den Teig einzuziehen.

Mit meiner ausführlichen Schritt-für-Schritt-Anleitung ist es nicht schwer, hausgemachten Blätterteig zu machen. Und es lohnt sich wirklich – der Geschmack spricht für sich. Wer den Unterschied kennt, wird keinen konventionellen Blätterteig mehr essen wollen.

Ein Blätterteig besteht in der Regel nur aus Weizenmehl, Salz, Butter, Zucker, Rum und Wasser. Damit der Teig beim Backen schön blättert, wird nach dem Kneten Butter in den Teig eingezogen (touriert). Auf die Zugabe von Hefe wird bei einem Blätterteig verzichtet. Die Lockerung des Teiges wird allein durch die Butter erzielt. Verwenden Sie immer Butter zum Tourieren und niemals Margarine – der Geschmack ist einfach viel besser!

Blätterteig kann gut auf Vorrat produziert werden und hält sich mehrere Tage im Kühlschrank. Auch zum Einfrieren eignet sich dieser Teig perfekt. Dafür den Teig am besten schön gleichmäßig ausrollen und wie einen Blätterteig aus dem Supermarkt mit einem Stück Backpapier einrollen. Anschließend in Alufolie oder Frischhaltefolie verpacken. So lässt sich der Teig nach dem Auftauen leichter dünn ausrollen. Vor dem Verarbeiten den Blätterteig einfach über Nacht im Kühlschrank langsam auftauen lassen.

Backprofis Bio-Blätterteig

Knetzeit:
2 Minuten langsam, 5 Minuten intensiver, Gesamt 7 Minuten

Teigruhe nach dem Kneten:
mindestens 15 Minuten im Kühlschrank

Wartezeit zwischen den Touren bzw. vor der Aufarbeitung:
3 x 30 Minuten

Zutaten

400 g	Bio-Weizenmehl Type 480 Universal
8 g	Salz
20 g	Bio-Zucker
20 g	Bio-Butter (kühl)
5 g	Rum
200 g	Wasser (kalt)

ZUM TOURIEREN (ZWEI EINFACHE UND EINE DOPPELTE TOUR)

250 g	Bio-Butter (aus dem Kühlschrank)

Zubereitung

- Alle Zutaten genau einwiegen und den Teig wie angegeben kneten.
- Nach dem Kneten die Teigkugel leicht rund formen, in ein Geschirrtuch oder in Frischhaltefolie einwickeln und mindestens 15 Minuten im Kühlschrank rasten lassen.
- 250 g Butter (ein handelsüblicher Würfel) aus dem Kühlschrank nehmen. Die Arbeitsfläche ganz leicht bemehlen und den Butterwürfel mit dem Handballen zu einem Quadrat formen (Bild 1; optimale Größe: ca. 16 x 16 cm).
- Das Mehl vom Butterziegel entfernen und diesen in Frischhaltefolie einwickeln (Bild 2), in den Kühlschrank geben und kurz kühlen.
- Den Teig auf einer leicht bemehlten Arbeitsfläche mit einem Rundholz zu einem Quadrat (optimale Größe: 23 x 23 cm) ausrollen.
- Den Butterziegel aus der Frischhaltefolie nehmen und in die Mitte des Teigstückes legen (Bild 3). Das linke und rechte Ende des Teiges auseinanderziehen und dann bis zur Mitte (leicht überlappend) über den Butterziegel einschlagen (Bild 4).
- Den oberen und unteren Teigrand ebenso auseinanderziehen und dann bis zur Mitte (leicht überlappend) einschlagen (Bild 5). Für die erste Tour dieses Teigpäckchen mit einem Nudelholz ausrollen (optimale Größe: ca. 20 cm breit und 40 cm hoch), dann die eine Hälfte über die andere klappen (Bild 6).
- Den Teig in Frischhaltefolie einwickeln und für mindestens 30 Minuten in den Kühlschrank geben.
- Danach den Teig wieder auswickeln, auf die bemehlte Arbeitsfläche legen, für die zweite einfache Tour mit dem Nudelholz auf dieselbe Größe (20 x 40 cm) ausrollen und wieder eine Hälfte über die andere klappen.
- Teig in Frischhaltefolie einwickeln und wieder für mindestens 30 Minuten in den Kühlschrank geben.
- Für die doppelte Tour den Teig wieder auswickeln, mit dem Nudelholz wieder auf ca. 20 x 40 cm ausrollen und jeweils von oben und von unten bis zur Mitte einschlagen (Bilder 7 und 8).
- Den Teig nochmals in Frischhaltefolie einwickeln und mindestens 30 Minuten im Kühlschrank rasten lassen, bevor man mit der Verarbeitung des Teiges zu Gebäckstücken beginnen kann (siehe Rezeptvorschläge auf den S. 108–114).

1
2
3
4
5
6
7
8

Bio-Apfeltaschen

Zutaten für 12 Stück

TEIG

Rezept siehe S. 106

FÜLLUNG

2	Bio-Äpfel
10 g	Bio-Zitronensaft
5 g	Bio-Zucker
2 g	Bio-Zimt

1 Ei zum Bestreichen

Vor dem Servieren kann man die Blätterteigtaschen mit etwas Staubzucker bestreuen.

Zubereitung

- Blätterteig wie auf S. 106 beschrieben zubereiten, dann auf eine Größe von etwa 48 x 36 cm ausrollen und in zwölf Quadrate mit einer Größe von 12 x 12 cm teilen (dazu am besten ein Lineal oder ein Maßband, etwas Mehl zum Stauben sowie ein scharfes Teigmesser bzw. eine Teigkarte verwenden).
- Für die Füllung die Äpfel waschen, schälen, vom Kerngehäuse befreien und in kleine Würfel schneiden, mit Zitronensaft, Zucker und Zimt vermengen.
- Die Apfelfüllung gleichmäßig auf den zwölf Teigstücken verteilen, die Ränder frei lassen.
- Die Teigränder mit etwas Wasser bestreichen (Bild 1).
- Die Teigstücke von oben nach unten einschlagen, so dass die Füllung „eingepackt" wird, die Teigränder gut zusammendrücken (Bild 2).
- Die Apfeltaschen auf ein mit Backpapier ausgelegtes Backblech legen.
- Mit dem verquirlten Ei bestreichen (Bild 3).
- In den vorgeheizten Backofen schieben und ca. 20 Minuten bei 200 °C Heißluft bzw. 220 °C Ober-/Unterhitze ohne Dampf backen.

Bio-Marillengolatschen

Zutaten für 12 Stück

TEIG

Rezept siehe S. 106

FÜLLUNG

6	Bio-Marillen (Aprikosen)
25 g	Semmelbrösel
25 g	Bio-Zucker

1 Ei zum Bestreichen

Vor dem Servieren kann man die Blätterteiggolatschen mit etwas Staubzucker bestreuen.

Zubereitung

- Blätterteig wie auf S. 106 beschrieben zubereiten, dann auf eine Größe von etwa 48 x 36 cm ausrollen und in zwölf Quadrate mit einer Größe von 12 x 12 cm teilen (dazu am besten ein Lineal oder ein Maßband, etwas Mehl zum Stauben sowie ein scharfes Teigmesser bzw. eine Teigkarte verwenden).
- Für die Füllung die Marillen halbieren und entsteinen, Semmelbrösel und Zucker in einer kleinen Schüssel vermischen.
- Auf jedes Teigstück eine halbe Marille legen.
- Die Brösel-Zucker-Mischung gleichmäßig auf den Marillen verteilen (Bild 1). Die Marillen umdrehen (dann lassen sich die Tascherln leichter schließen).
- Die Teigränder mit etwas Wasser bestreichen.
- Die Teigstücke zu „Golatschen" formen (Bild 2; dafür die diagonal gegenüberliegenden Teigecken aufheben und über den Marillen zusammendrücken) und auf ein mit Backpapier ausgelegtes Backblech legen.
- Mit dem verquirlten Ei bestreichen (Bild 3).
- In den vorgeheizten Backofen schieben und ca. 20 Minuten bei 200 °C Heißluft bzw. 220 °C Ober-/Unterhitze ohne Dampf backen.

1

3

2

Bio-Nougatecken

Zutaten für 12 Stück

TEIG

Rezept siehe S. 106

FÜLLUNG

12 TL Nuss-Nougat-Creme (z. B. Nutella)

1 Ei zum Bestreichen

Vor dem Servieren kann man die Blätterteigecken mit etwas Staubzucker bestreuen.

Zubereitung

- Blätterteig wie auf S. 106 beschrieben zubereiten, dann auf eine Größe von etwa 48 x 36 cm ausrollen und in zwölf Quadrate mit einer Größe von 12 x 12 cm teilen, dazu am besten ein Lineal oder ein Maßband, etwas Mehl zum Stauben sowie ein scharfes Teigmesser bzw. eine Teigkarte verwenden (Bild 1).
- Auf jedem der zwölf Teigstücke einen guten Teelöffel Nuss-Nougat-Creme gleichmäßig verteilen, die Teigränder mit etwas Wasser bestreichen.
- Die linke obere Teigecke zur rechten Ecke legen, so dass Dreiecke entstehen (Bild 2), die Teigränder zusammendrücken.
- Die Nougatecken auf ein mit Backpapier ausgelegtes Backblech legen.
- Mit dem verquirlten Ei bestreichen (Bild 3).
- In den vorgeheizten Backofen schieben und ca. 20 Minuten bei 200 °C Heißluft bzw. 220 °C Ober-/Unterhitze ohne Dampf backen.

Bio-Zwetschkengolatschen

Zutaten für 12 Stück

TEIG	
Rezept siehe S. 106	

FÜLLUNG	
12	Bio-Zwetschken (Pflaumen)
25 g	Semmelbrösel
25 g	Bio-Zucker

1 Ei zum Bestreichen

Vor dem Servieren kann man die Blätterteiggolatschen mit etwas Staubzucker bestreuen.

Zubereitung

- Blätterteig wie auf S. 106 beschrieben zubereiten, dann auf eine Größe von etwa 48 x 36 cm ausrollen und in zwölf Quadrate mit einer Größe von 12 x 12 cm teilen (dazu am besten ein Lineal oder ein Maßband, etwas Mehl zum Stauben sowie ein scharfes Teigmesser bzw. eine Teigkarte verwenden).
- Für die Füllung die Zwetschken halbieren und entsteinen, Semmelbrösel und Zucker in einer kleinen Schüssel vermischen.
- Jedes Teigstück mit zwei Zwetschkenhälften belegen, die Brösel-Zucker-Mischung gleichmäßig auf den Zwetschken verteilen (Bild 1).
- Die Teigränder mit etwas Wasser bestreichen, die Teigstücke zu „Golatschen“ formen, dafür die diagonal gegenüberliegenden Teigecken aufheben und über den Zwetschken zusammendrücken (Bild 2) und auf ein mit Backpapier ausgelegtes Backblech legen.
- Mit dem verquirlten Ei bestreichen.
- In den vorgeheizten Backofen schieben und ca. 20 Minuten bei 200 °C Heißluft bzw. 220 °C Ober-/Unterhitze ohne Dampf backen.

Feingebäck aus Plunderteig

Kapitel 5

Allgemeines zum Plunderteig

Jetzt erreichen wir die Königsdisziplin der Teigzubereitung in der Backstube: den Plunderteig. Der Grundteig ist von den Backzutaten her hochwertig. Der Unterschied zum Blätterteig ist die Zugabe von Hefe.

Es gibt viele verschiedene Arten der Plunderteig-Herstellung, die alle einen gewissen Arbeitsaufwand bedeuten. Zudem hat man im Haushalt nicht die speziellen, bereits vorbearbeiteten Croissant- oder Butterplatten für das Tourieren zur Verfügung, die Bäckereien in der Regel verwenden, und muss auf handelsübliche Butter zurückgreifen. Aber es geht auch so!

Das Wichtigste bei der Herstellung von Plunderteig ist die kalte Zubereitung. Alle Zutaten sollen kalt verwendet werden. Auch die Raumtemperatur in der Küche sollte auf keinen Fall zu hoch sein!

Der Geschmack des selbst gemachten Plunderteigs ist einfach himmlisch und macht ein einfaches Croissant zu etwas ganz Besonderem!

Auf den nächsten Seiten warten spannende Plunderteig-Rezeptvorschläge. Und mit der ausführlichen Schritt-für-Schritt-Anleitung ist sogar die Königsdisziplin der Teigzubereitung für jeden zu bewältigen!

Backprofis Bio-Plunderteig

Knetzeit:
2 Minuten langsam, 4 Minuten intensiver, gesamt 6 Minuten

Teigruhe nach dem Kneten:
mindestens 15 Minuten im Kühlschrank

Wartezeit zwischen den Touren bzw. vor der Aufarbeitung:
3 x 30 Minuten

Zutaten

400 g	Bio-Weizenmehl Type 480 Universal
5 g	Salz
5 g	Backprofis Bio-Gerstenmalzmehl oder Honig
30 g	Bio-Zucker
25 g	Bio-Butter (kühl)
10 g	Rum
1	Bio-Ei (Größe M)
1 P.	Vanille Zucker
42 g	frische Hefe (1 Würfel)
140 g	Wasser (kalt)

ZUM TOURIEREN (EINE EINFACHE, EINE DOPPELTE UND WIEDER EINE EINFACHE TOUR)

250 g	Bio-Butter (aus dem Kühlschrank)

Zubereitung

- Alle Zutaten genau einwiegen und den Teig wie angegeben kneten.
- Nach dem Kneten die Teigkugel leicht rund formen, in ein Geschirrtuch oder in Frischhaltefolie einwickeln und mindestens 15 Minuten im Kühlschrank rasten lassen.
- In der Zwischenzeit 250 g Butter (ein handelsüblicher Würfel) aus dem Kühlschrank nehmen.
- Die Arbeitsfläche ganz leicht bemehlen und den Butterwürfel mit dem Handballen zu einem Quadrat formen (siehe Bild 1 auf S. 107) optimale Größe: ca. 16 x 16 cm).
- Das Mehl vom geformten Butterziegel entfernen, den Butterziegel in Frischhaltefolie einwickeln (siehe Bild 2 auf S. 107) und kurz in den Kühlschrank geben.
- Den Teig auf einer leicht bemehlten Arbeitsfläche mit einem Rundholz zu einem Quadrat (optimale Größe: 23 x 23 cm) ausrollen, den Butterziegel ohne Frischhaltefolie in die Mitte des Teigstückes legen.
- Den Teigrand links und rechts etwas ausziehen (Bild 1) und bis zur Mitte über den Butterziegel (leicht überlappend) schlagen (Bild 2).
- Das obere und untere Ende ebenso bis zur Mitte (leicht überlappend) einschlagen.
- Für die erste Tour den Teig mit dem Nudelholz auf ca. 20 x 40 cm ausrollen (Bild 3), dann eine Hälfte über die andere klappen (Bild 4).
- Den Teig in Frischhaltefolie einwickeln und für mindestens 30 Minuten in den Kühlschrank geben.
- Für die zweite Tour den Teig auswickeln, wieder auf die bemehlte Arbeitsfläche legen, mit dem Nudelholz wieder auf 20 x 40 cm ausrollen (Bild 5) und zuerst das obere Drittel bis zur Mitte klappen, dann das untere Drittel ebenfalls zur Mitte klappen (Bild 6).
- Den Teig wieder in Frischhaltefolie einwickeln, 30 Minuten im Kühlschrank rasten lassen.
- Für die dritte Tour den Teig wieder auswickeln, mit dem Nudelholz wieder auf ca. 20 x 40 cm ausrollen und wie bei der ersten Tour eine Hälfte über die andere klappen (Bilder 7 und 8).
- Den Teig nochmals in Frischhaltefolie einwickeln und mindestens 30 Minuten im Kühlschrank rasten lassen, bevor man mit der Verarbeitung des Teiges zu Gebäckstücken beginnt (siehe Rezeptvorschläge auf den S. 120–126).

1

2

3

4

5

6

7

8

Bio-Buttercroissants

Zutaten für 12 Stück

TEIG

Rezept siehe S. 118

1 Ei zum Bestreichen

Zubereitung

- Plunderteig wie auf S. 118 beschrieben zubereiten.
- Den Plunderteig auf einer bemehlten Arbeitsfläche zu einem Rechteck ausrollen (optimale Größe: 42 cm x 40 cm).
- Anhand der Skizze (Bild 1) den Teig mithilfe eines Lineals oder Maßbandes mit einem scharfen Teigmesser bzw. mit einer Teigkarte in Dreiecke einteilen.
- Die Dreiecke von oben beginnend locker einrollen (Bild 2 und 3).
- Zu Croissants biegen und auf ein mit Backpapier ausgelegtes Backblech legen.
- In der Zwischenzeit den Backofen auf 170 °C Heißluft bzw. 190 °C Ober-/Unterhitze vorheizen.
- Die Croissants leicht mit Wasser besprühen, mit einem Geschirrtuch abdecken und bei Raumtemperatur ca. 30 Minuten gehen lassen.
- Das Ei verquirlen, die Croissants vor dem Backen gleichmäßig mit Ei bestreichen (Bild 4).
- Auf der mittleren Schiene ca. 20 Minuten backen, die letzten 4 Minuten mit ganz leicht geöffneter Backofentür (je nach Hersteller des Backofens nicht immer möglich).

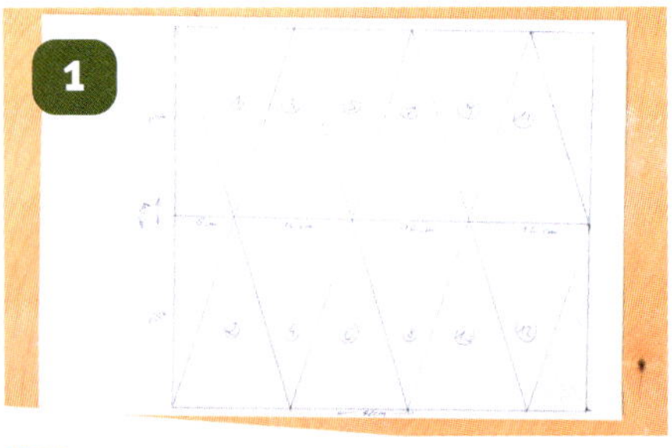

Bio-Plunder-Schokoschnecken

Zutaten für 16 Stück

TEIG

Rezept siehe S. 118

1 Ei zum Bestreichen

FÜLLUNG

240 g	Bio-Milch
230 g	Bio-Walnüsse, gerieben
55 g	süße Brösel (Biskotten)
60 g	Bio-Zucker
8 g	Vanillezucker
10 g	Bio-Zimt, gemahlen
25 g	Rum (38 %)
15 g	Bio-Marillenmarmelade

GLASUR

ca. 200 g Schokolade oder Kuvertüre

Zubereitung

- Plunderteig wie auf S. 118 beschrieben zubereiten.
- Für die Füllung die Milch leicht im Kochtopf erwärmen, Walnüsse, Brösel, Zucker, Vanillezucker, Zimt, Rum und Marillenmarmelade beimengen, gut verrühren, von der Kochstelle nehmen und ziehen lassen.
- Den Plunderteig auf einer bemehlten Arbeitsfläche zu einem Rechteck ausrollen (optimale Größe: 48 cm x 36 cm).
- Die ausgekühlte Füllung gleichmäßig auf dem ganzen Teig verteilen (Bild 1).
- Den Teig von oben beginnend zu einer Rolle einrollen (Bild 2).
- Mit einem scharfen Messer oder einer Teigkarte die Rolle halbieren.
- Die beiden Hälften wieder halbieren (Bild 3), so fortfahren, bis insgesamt 16 Teigstücke entstanden sind.
- Diese auf zwei mit Backpapier ausgelegte Backbleche legen, mit den Fingern die Schnecken leicht auseinanderdrücken (Bild 4).
- Leicht mit Wasser besprühen, mit einem Geschirrtuch abdecken und bei Raumtemperatur ca. 30 Minuten gehen lassen.
- Den Backofen auf 170 °C Heißluft bzw. 190 °C Ober-/Unterhitze vorheizen.
- Die Schokoschnecken vor dem Backen gleichmäßig mit verquirltem Ei bestreichen.
- Auf der mittleren Schiene ca. 17–19 Minuten backen, die letzten 4 Minuten mit leicht geöffneter Backofentür (je nach Hersteller des Backofens nicht immer möglich).
- Nach dem Backen die Schokolade oder Kuvertüre über einem Wasserbad schmelzen und die Oberseite der Schnecken darin eintunken.

Bio-Früchteplunder

Zutaten für 12 Stück

TEIG
Rezept siehe S. 118

1 Ei zum Bestreichen

ca. 250 ml	Vanillepudding oder -creme
ca. 100 g	frische Früchte nach Saison und Belieben

Zubereitung

- Plunderteig wie auf S. 118 beschrieben zubereiten
- Den Plunderteig auf einer bemehlten Arbeitsfläche zu einem Rechteck ausrollen (optimale Größe: 48 cm x 36 cm).
- Mit einem Lineal oder Maßband den Teig in der Mitte halbieren und in zwölf gleichmäßige Stücke schneiden (Bild 1).
- Die Teigränder mit etwas Wasser bestreichen, dann von oben und von unten zur Mitte einschlagen (Bild 2) und die Teiglinge auf zwei mit Backpapier ausgelegte Backbleche legen.
- In der Zwischenzeit den Backofen auf 170 °C Heißluft bzw. 190 °C Ober-/Unterhitze vorheizen.
- Die Teiglinge leicht mit Wasser besprühen, mit einem Geschirrtuch abdecken und bei Raumtemperatur ca. 30 Minuten gehen lassen.
- Das Ei verquirlen, die Teigstücke vor dem Backen gleichmäßig damit bestreichen (Bild 3).
- In den vorgeheizten Backofen schieben und ca. 18–20 Minuten backen.
- Nach dem Backen im noch warmen Zustand mit Marillenmarmelade aprikotieren (bestreichen).
- Anschließend etwas Vanillepudding oder -creme (noch warm) in die Mitte der Gebäckstücke geben und mit Früchten belegen (Bild 4).

Bio-Topfen-Limetten-Stangerln

Zutaten für 10 Stück

TEIG

Rezept siehe S. 118

1 Ei zum Bestreichen

FÜLLUNG

40 g	Bio-Butter (handwarm)
1	Bio-Ei (Größe M)
75 g	Staubzucker
250 g	Bio-Topfen (20 % F. i. Tr.) (Quark)
35 g	Maisstärke (Maizena)

Saft einer halben Bio-Limette

GLASUR

1 Limette

Staubzucker

Zubereitung

- Plunderteig wie auf S. 118 beschrieben zubereiten
- Für die Topfenfüllung Butter, Ei und Staubzucker vermengen und mit dem Schneebesen schaumig rühren, Topfen und Maisstärke beimengen und gut durchmischen, Limettensaft zugeben, gut verrühren und mindestens 30 Minuten im Kühlschrank ziehen lassen.
- Den Plunderteig auf einer bemehlten Arbeitsfläche zu einem Rechteck ausrollen (optimale Größe: 45 cm x 40 cm).
- Die Topfenfüllung gleichmäßig auf dem ganzen Teig verteilen (Bild 1).
- Die obere Teighälfte zur Mitte einschlagen, dann die untere Hälfte darüberschlagen (Bild 2).
- Mit einem scharfen Teigmesser den Teig in zehn gleichmäßige Stücke schneiden.
- Jedes Teigstück mit beiden Händen etwas in die Länge ziehen (Bild 3), eindrehen (Bild 4) und auf ein mit Backpapier ausgelegtes Backblech legen.
- Die Teiglinge leicht mit Wasser besprühen, mit einem Geschirrtuch abdecken und bei Raumtemperatur ca. 30 Minuten gehen lassen.
- In der Zwischenzeit den Backofen auf 170 °C Heißluft bzw. 190 °C Ober-Unterhitze vorheizen.
- Das Ei verquirlen, die Teigstücke vor dem Backen gleichmäßig damit bestreichen.
- Im vorgeheizten Backofen ca. 18–20 Minuten backen.
- Für die Glasur die Limette auspressen und zum Limettensaft so viel Staubzucker hinzugeben, bis eine dickflüssige Glasur entsteht.
- Die Limettenstangerln nach dem Backen mit der Glasur bestreichen.

Strudel-Variationen

Kapitel 6

Allgemeines
zum Thema Strudel

Österreich ist für seine Strudelspezialitäten weit über seine Grenzen hinaus bekannt. Ob als Nachspeise, als Mehlspeise zum Nachmittagskaffee oder als beliebter Pausenschmaus beim Wandern und Skifahren – Strudel gehören zu den beliebtesten Mehlspeisen.

Grundsätzlich versteht man unter Strudel einen dünnen Teig mit Füllung. Diese gefüllte Teigrolle kann gebacken oder gekocht werden. Strudel waren zunächst vorwiegend in bürgerlichen Häusern bekannt, erst später wurden sie auch häufig in der bäuerlichen Küche zubereitet. Die Füllung richtete sich jeweils nach den bäuerlichen Erzeugnissen. Auffallend ist, dass Strudel ursprünglich in Gebirgsgegenden seltener als im Flachland zu finden war; als typische Strudelländer gelten vor allem die südöstlichen Bundesländer und die Länder entlang der Donau.

Strudelvielfalt

Der bekannteste aller Strudel ist wohl zweifellos der Apfelstrudel, der aber auch nicht so „einzigartig" ist, wie manche von ihm behaupten – stellen doch sowohl die Wiener als auch die Südtiroler einen gewissen Anspruch, den „typischen" Apfelstrudel zu machen.

Nicht minder bekannt ist der Topfenstrudel. Doch abgesehen von diesen beiden Klassikern sind die Variationsmöglichkeiten die Füllung betreffend schier unendlich. Aber auch die „Hülle" kann für Abwechslung sorgen: Viele verstehen unter Strudel lediglich jene mit gezogenem Strudelteig. Aber auch Germteig, Plunder- oder Blätterteig, Erdäpfelteig oder Mürbteig kann gefüllt und gerollt, gebacken oder gekocht als Strudel bezeichnet werden.

Gezogener Strudelteig (Ziehteig): Dieser wohl am häufigsten verwendete Teig für Strudel wird aus feinem Weizenmehl, Ei, Wasser und Öl hergestellt. Man muss den Teig gut auswalken und ausziehen können, damit er im Idealfall so dünn ist, dass er durchscheinend wird und dennoch nicht reißt. Die beste Technik ist es, den Teig zuerst dünn auszurollen und dann langsam über die Handrücken gelegt abwechselnd auszuziehen. Danach legt man den Teig auf ein Küchentuch, füllt ihn und rollt ihn mit Hilfe des Küchentuches auf.

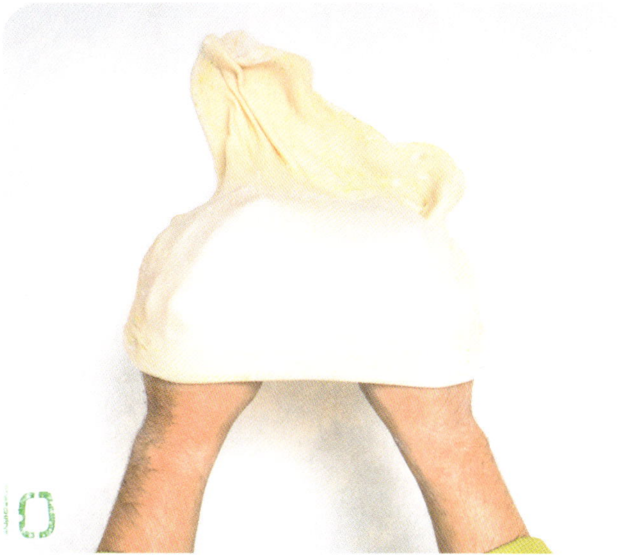

Germteig: Aus den Grundzutaten (Mehl, Eier, Germ, Zucker, Salz, Milch und Butter sowie verschiedene Aromate) den Teig auf „böhmische Art" zubereiten (alle Zutaten inklusive der zerbröselten, in lauwarmer Milch aufgelösten Germ miteinander vermischen und glatt kneten). Germteige immer intensiv kneten oder schlagen, den Teig vor der Verarbeitung zweimal an einem warmen Ort gehen lassen und wieder zusammenschlagen. Danach auswalken, füllen und einrollen.

Mürbteig: Ein „mürber", manchmal etwas dickerer Teig mit einem hohen Butteranteil. Wichtig ist, den Teig rasch und kühl zu verarbeiten. Der Mürbteig sorgt für einen herzhaften Geschmack in Kombination mit der Strudelfüllung.

Aber auch Topfenblätterteig, Blätterteig oder Plunderteig eignen sich als „Hülle für die Fülle" und ergeben hervorragende Strudel. Ausschlaggebend für einen gelungenen Strudel ist die Kombination von guter Füllung und gutem Teig. Dem Einfallsreichtum bezüglich dieser beiden Komponenten sind keine Grenzen gesetzt.

REZEPT MIT VIDEO!

Einfach den abgebildeten QR-Code scannen oder unter www.derbackprofi.at ansehen!

Backprofis
Bio-Apfelstrudel

(Anleitungsbilder siehe S. 132)

Knetzeit:
3 Minuten langsam,
7 Minuten intensiver,
gesamt 10 Minuten

Teigruhe nach dem Kneten:
mind. 1 Stunde im Kühlschrank

Backzeit:
40 Minuten bei 190 °C Heißluft oder 200 °C Ober-/Unterhitze

Der Apfelstrudel ist ein Sinnbild für die österreichische Mehlspeisen-Küche. Meine Version besticht durch einen hauchdünn gezogenen Strudelteig, der sich ganz einfach zubereiten lässt, und die sorgfältige Auswahl der Äpfel. Meine Favoriten sind Braeburn, Elstar oder Topaz. Wichtig für den perfekten Strudel sind auf jeden Fall Äpfel mit viel Säure.

Zutaten für 1 Strudel

STRUDELTEIG	
250 g	Bio-Weizenmehl Type 480 Universal
2 g	Salz
1	Bio-Ei (Größe M)
20 g	Bio-Speiseöl
100 g	Wasser (handwarm)
30 g	zerlassene Bio-Butter zum Bestreichen

BUTTERBRÖSEL	
50 g	Bio-Butter
100 g	Semmelbrösel

APFELFÜLLUNG	
1000 g	saure Bio-Äpfel, entkernt und in Scheiben geschnitten
100 g	Bio-Feinkristallzucker
10 g	Bio-Zimt
180 g	Bio-Rosinen (am Vortag mit 50 g Rum angesetzt)
30 g	Bio-Zitronensaft

Zubereitung

- Alle Teigzutaten genau einwiegen und den Teig wie angegeben kneten.
- Nach dem Kneten die Teigkugel leicht rund formen, mit Speiseöl bestreichen, in Frischhaltefolie einwickeln und mindestens 1 Stunde im Kühlschrank rasten lassen.
- Für die Butterbrösel die Butter in einer Pfanne leicht erhitzen, die Semmelbrösel zugeben, ganz leicht rösten, dann auskühlen lassen.
- Die Äpfel waschen, vom Kerngehäuse befreien und in Scheiben schneiden, anschließend mit den restlichen Zutaten sowie den Butterbröseln vermengen (Bild 1, S. 132).
- Nach der Teigruhe den Strudelteig aus dem Kühlschrank nehmen und die Frischhaltefolie entfernen.
- Den Backofen auf 190 °C Heißluft oder 200 °C Ober-/Unterhitze vorheizen.
- Ein Strudeltuch (oder Geschirrtuch) leicht bemehlen (Bild 2), darauf den Strudelteig gleichmäßig mit beiden Händen ausziehen (optimale Größe: 50 cm breit und 60 cm hoch; Bilder 3 und 4).
- Wenn der Teig am Rand noch zu dick ist, die dicken Enden mit einer Teigkarte oder einem Teigmesser wegschneiden.
- Den ausgezogenen Strudelteig ganz dünn mit zerlassener Butter bestreichen (Bild 5).
- Die Apfelfüllung gleichmäßig auf der unteren Hälfte des Strudelteiges verteilen (Bild 6).
- Den Strudel nun mithilfe des Tuchs von unten nach oben locker einrollen (Bild 7).
- Vorsichtig auf ein mit zerlassener Butter bestrichenes Backblech geben.
- Vor dem Backen den Strudel gleichmäßig mit zerlassener Butter bestreichen (Bild 8).
- Den Strudel in den vorgeheizten Backofen schieben und wie angegeben backen.
- Nach dem Backen nochmals mit zerlassener Butter bestreichen, gut auskühlen lassen und mit Staubzucker bestreuen.

Anleitungsbilder zum Bio-Apfelstrudel (Rezept siehe S. 131)

„Angeschnittener“

Pistazienstrudel

aus Germteig

(Rezept siehe Seite 134)

„Angeschnittener“ Pistazienstrudel aus Germteig

(Foto siehe S. 133)

Knetzeit:
3 Minuten langsam, 7 Minuten intensiver, gesamt 10 Minuten

Teigruhe nach dem Kneten:
20 Minuten + 20 Minuten

Gehzeit vor dem Backen:
ca. 30 Minuten

Backzeit:
ca. 30 Minuten bei 170 °C Heißluft oder 180 °C Ober-/Unterhitze

Ich bin ein großer Pistazien-Fan. Da ist es wenig überraschend, dass ich auf der Suche nach einer außergewöhnlichen Strudelfüllung eine Variante mit Pistazien ausprobiert habe. Ich sage nur so viel: Wer dieses Rezept nicht nachbäckt, ist selber schuld!

Zutaten für 1 Strudel

TEIG

325 g	Bio-Weizenmehl Type 480 Universal
5 g	Salz
2 g	Backprofis Bio-Gerstenmalzmehl oder Honig
50 g	Bio-Zucker
40 g	Bio-Butter (handwarm)
21 g	frische Hefe (½ Würfel)
170 g	Bio-Milch 36 °C (lauwarm)

Zitronenglasur
(Staubzucker und Zitronensaft)

PISTAZIENFÜLLUNG

170 g	Bio-Milch
160 g	Bio-Pistazien, gerieben
60 g	süße Brösel (Biskotten)
40 g	Bio-Zucker
5 g	Bio-Zimt, gemahlen
20 g	Rum (38 %)
20 g	Bio-Marillenmarmelade
5 g	Bio-Honig

Zubereitung

- Alle Teigzutaten genau einwiegen und den Teig wie angegeben kneten.
- Den Teig nach dem Kneten auf eine leicht bemehlte Arbeitsfläche geben, mit einem Geschirrtuch abdecken und bei Raumtemperatur 20 Minuten rasten lassen.
- Für die Füllung die Milch leicht im Kochtopf erwärmen, Pistazien, Brösel, Zucker, Zimt, Rum, Marillenmarmelade und Honig beimengen, gut verrühren, von der Kochstelle nehmen und etwa 20 Minuten ziehen lassen.
- Das Teigstück rund formen (wirken) und nochmals 20 Minuten zugedeckt bei Raumtemperatur rasten lassen (Bild 1).
- Auf der leicht bemehlten Arbeitsfläche den Teig flach drücken, dann ausrollen (Bild 2) bis ein Rechteck entsteht (optimale Größe: 48 x 38 cm).
- Die Füllung mit einer Teigkarte gleichmäßig auf dem ganzen Teig verteilen (Bild 3).
- Den Teig von oben nach unten kompakt einrollen (Bilder 4 und 5).
- Die Teigrolle auf ein mit Backpapier ausgelegtes Backblech legen (Bild 6).
- Mit einer Schere die Teigrolle bis zum unteren Teigrand einschneiden, aber nicht durchschneiden (Bild 7).
- Die angeschnittenen Teigstücke abwechselnd seitlich nach links und rechts hinausrücken (Bild 8).
- Den angeschnittenen Strudel leicht mit Wasser besprühen und zugedeckt nochmals etwa 30 Minuten bei Raumtemperatur gehen lassen.
- Zwischendurch immer wieder leicht mit Wasser besprühen, damit die Oberfläche nicht austrocknet.
- Den Backofen auf 170 °C Heißluft oder 180 °C Ober-/Unterhitze vorheizen.
- Den Strudel nochmals kräftig mit Wasser besprühen und auf der mittleren Schiene mit viel Dampf backen (während des Backens ein hitzebeständiges Gefäß mit Wasser oder Eiswürfeln in den Ofen stellen).
- Nach dem Backen mit Zitronenglasur bestreichen.

1
2
3
4
5
6
7
8

Backprofis Bio-Topfen-Heidelbeer-Strudel

Knetzeit:
wie auf den Seiten 106, 118 bzw. 131 angegeben

Teigruhe nach dem Kneten:
mindestens 1 Stunde (Strudelteig) bzw. 15 Minuten (Blätter- und Plunderteig) im Kühlschrank

Backzeit:
*40 Minuten bei 190 °C Heißluft oder 200 °C Ober-/Unterhitze (Strudelteig)
ca. 35 Minuten bei 200 °C Heißluft oder 220 °C Ober-/Unterhitze (Blätterteig)
ca. 45 Minuten bei 170 °C Heißluft oder 190 °C Ober-/Unterhitze (Plunderteig)*

Der Fantasie sind bei Strudeln keine Grenzen gesetzt – sowohl was die Wahl der Teige als auch der Füllungen betrifft. Ob mit Heidelbeeren, Marillen, Zwetschken oder Himbeeren gefüllt, ob mit Strudelteig, Plunder- oder Blätterteig umhüllt – Sie können Ihrer Kreativität freien Lauf lassen! Hier finden Sie als weitere klassische Variante einen Topfenstrudel, der mit Früchten verfeinert ist.

Zutaten

TEIG

ca. 400 g	Strudelteig (Rezept siehe S. 131) oder
ca. 400 g	Blätterteig (Rezept siehe S. 106) oder
ca. 400 g	Plunderteig (Rezept siehe S. 118)

Butter oder mit Milch verquirltes Ei zum Bestreichen

FÜLLUNG

80 g	Bio-Butter (handwarm)
1	Bio-Ei (Größe M)
1	Bio-Eidotter (Größe M)
150 g	Staubzucker
8 g	Vanillezucker
Abrieb einer halben Zitrone (Schale zum Verzehr geeignet)	
500 g	Bio-Topfen (20 % F. i. Tr.)
75 g	Maisstärke (Maizena)
250 g	Heidelbeeren

Zubereitung

- Den Teig wie auf den Seiten 106, 118 bzw. 131 beschrieben zubereiten und rasten lassen.
- Für die Füllung Butter, Eidotter, Zucker, Vanillezucker und Zitronenschale vermengen und mit dem Schneebesen schaumig rühren, Topfen und Maisstärke beimengen und gut durchmischen, anschließend die Füllung kalt stellen, damit sie fest wird.
- Nach der Teigruhe den Teig wie auf den Seiten 106, 118 bzw. 131 beschrieben ausziehen oder ausrollen.
- Backofen je nach Teig den Angaben entsprechend vorheizen.
- Sollte der Teig am Rand noch zu dick sein, die dicken Enden mit einer Teigkarte oder einem Teigmesser wegschneiden, die Topfenfülle gleichmäßig auf der unteren Hälfte des Strudelteiges verteilen und die Heidelbeeren darüberstreuen (Bild 1).
- Den Strudel von unten nach oben locker einrollen (Bild 2).
- Vorsichtig auf ein mit zerlassener Butter bestrichenes Backblech geben.
- Vor dem Backen nochmals gleichmäßig leicht mit zerlassener Butter oder mit Milch verquirltem Ei bestreichen.
- Den Strudel in den vorgeheizten Backofen schieben. Nach dem Backen abermals mit zerlassener Butter bestreichen, gut auskühlen lassen und mit Staubzucker bestreuen.

Kirschenstrudel aus Topfenblätterteig

(Anleitungsbilder siehe S. 140)

Knetzeit:
5 Minuten langsam, gesamt 5 Minuten

Teigruhe nach dem Kneten:
mindestens 30 Minuten im Kühlschrank

Backzeit:
40 Minuten bei 180 °C Heißluft oder 200 °C Ober-/Unterhitze

Je nach Saison kann man frische oder gut abgetropfte Kompottkirschen verwenden. Dieser Strudel ist ganz schnell zubereitet und schmeckt einfach wunderbar. Unbedingt ausprobieren, ihr werdet begeistert sein!

Zutaten für einen Strudel

TEIG

250 g	Bio-Weizenmehl Type 480 Universal
250 g	Bio-Topfen (20 %)
250 g	Bio-Butter (kühl, in kleine Würfel geschnitten)
3 g	Salz

1 Bio- Ei zum Bestreichen vom Strudel
Staubzucker zum Bestreuen

FÜLLUNG

500 g	Kirschen (entkernt)
60g	Bio-Butter
120 g	Semmelbrösel
60 g	Pinienkerne (oder andere Kerne nach Wunsch)
80 g	Bio-Zucker
2 g	Bio-Zimt

Zubereitung

- Mehl, Topfen, Butter und Salz einwiegen und den Teig maximal 5 Minuten kneten (Bilder 1 und 2).
- Anschließend in Frischhaltefolie einwickeln und mindestens 30 Minuten im Kühlschrank lagern (Bild 3).
- In der Zwischenzeit für die Füllung die Kirschen waschen und entkernen.
- Butter erhitzen, Semmelbrösel beimengen und goldgelb rösten.
- Den Backofen auf 180 °C Heißluft oder 200 °C Ober-/Unterhitze vorheizen.
- Backpapier auf die Arbeitsfläche legen und mit Weizenmehl bestauben.
- Den gekühlten Teig aus dem Kühlschrank geben, die Folie entfernen und mit einem Nudelholz zu einem Rechteck ausrollen (Bild 4; optimale Größe: 38 cm x 35 cm).
- Den Teigfleck nun mit dem verquirlten Ei gleichmäßig bestreichen (Bild 5).
- In der Mitte des Teiges die Butterbrösel gleichmäßig verteilen, die Pinienkerne über die Brösel streuen (Bild 6).
- Zucker und Zimt vermischen und gleichmäßig darauf verteilen (Bild 7), zum Schluss die Kirschen darauf verteilen (Bild 8).
- Mithilfe des Backpapiers den oberen Teil des Teiges über die Fülle klappen (Bild 9), anschließend den unteren Teil darüberschlagen (Bild 10), so dass der Teig überlappt (Bild 11).
- Die beiden Strudelenden mit den Fingern gut verschließen, den Strudel mithilfe des Backpapiers wenden, damit der Schluss nach unten liegt und auf das Backblech geben.
- Das überschüssige Backpapier wegschneiden oder unter den Strudel falten (Bild 12).
- Den Strudel mit Ei bestreichen, in den vorgeheizten Backofen schieben und wie angegeben backen.
- Nach dem Backen gut auskühlen lassen und mit Staubzucker bestreuen.

Anleitungsbilder zum Kirschenstrudel (Rezept siehe S. 139)

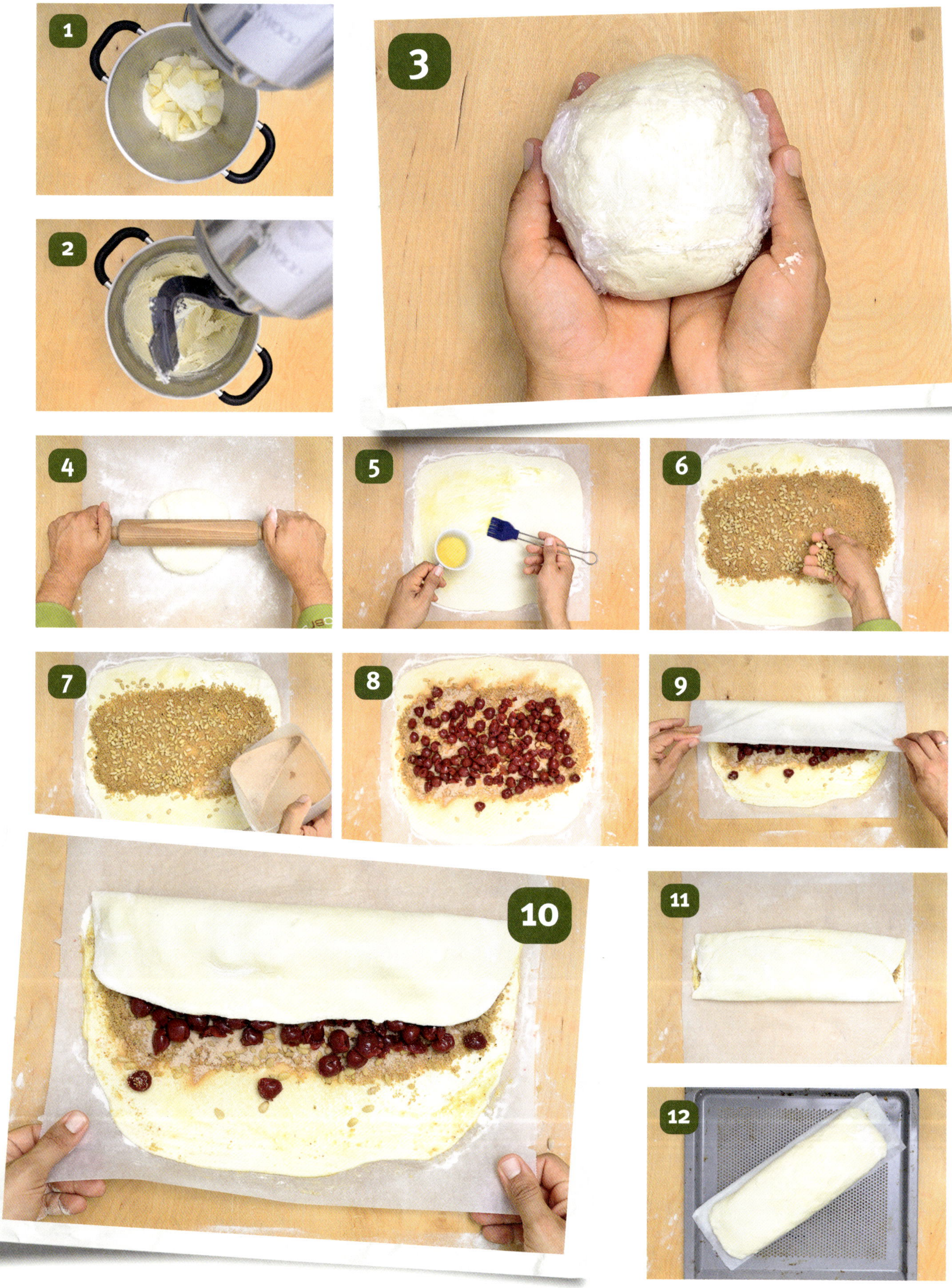

Mürbteigstrudel
mit Weintraubenfüllung
(Rezept siehe Seite 142)

Mürbteigstrudel mit Weintraubenfüllung

(Foto siehe S. 141)

Knetzeit:
3 Minuten langsam, gesamt 3 Minuten

Teigruhe nach dem Kneten:
mindestens 30 Minuten im Kühlschrank

Backzeit:
40 Minuten bei 180 °C Heißluft oder 200 °C Ober-/Unterhitze

Für den Mürbteig dürfen alle Zutaten kalt verwendet werden. Außerdem soll der Teig rasch und auf keinen Fall zu lange geknetet werden, weil der Teig andernfalls dazu neigt, zu brechen.

Zutaten

TEIG	
250 g	Bio-Weizenmehl Type 480 Universal
200 g	Bio-Butter (kühl und in Würfeln geschnitten)
1	Bio-Eidotter
50 g	Bio-Zucker
3 g	Salz

1 Bio-Ei zum Bestreichen
Staubzucker zum Bestreuen

FÜLLUNG	
250 g	dunkle, kernlose Weintrauben
250 g	helle, kernlose Weintrauben
50 g	Bio-Zucker
30 g	Rum (38 %)
60 g	Semmelbrösel

Zubereitung

- Alle Zutaten für den Teig einwiegen und rasch zu einem Mürbteig kneten (Bilder 1 und 2).
- Anschließend den Teig in Frischhaltefolie einwickeln und mindestens 30 Minuten im Kühlschrank lagern (Bild 3).
- Den Backofen auf 180 °C Heißluft oder 200 °C Ober- Unterhitze vorheizen.
- In der Zwischenzeit die Weintraubenfüllung zubereiten, dafür die Weintrauben waschen, halbieren und mit den übrigen Zutaten vermischen (Bild 4).
- Ein Backpapier auf die Arbeitsfläche legen und mit Weizenmehl bestauben.
- Den gekühlten Teig aus dem Kühlschrank nehmen, die Folie entfernen (Bild 5) und den Teig mithilfe eines Nudelholzes zu einem Rechteck ausrollen (optimale Größe: 38 cm x 35 cm).
- Die Weintraubenfüllung auf der unteren Teighälfte gleichmäßig verteilen (Bild 6).
- Die Teigränder mit dem verquirlten Ei gleichmäßig bestreichen.
- Mithilfe des Backpapiers die untere Teighälfte mit der Fülle vorsichtig bis zur Mitte rollen (Bild 7), die obere Teighälfte ohne Fülle überlappend darüberschlagen (Bild 8).
- Die beiden Strudelenden mit den Fingern gut verschließen. Den Strudel mithilfe des Backpapiers wenden, so dass der Schluss unten ist und den Strudel mit dem Backpapier auf das Backblech geben.
- Den Strudel mit Ei bestreichen (Bild 9), in den vorgeheizten Backofen schieben und wie angegeben backen.
- Nach dem Backen gut auskühlen lassen und mit Staubzucker bestreuen.

1
2
3
4
5
6
7
8
9

Aus unserem Programm

ISBN 978-3-7020-2046-0

ISBN 978-3-7020-1364-6

ISBN 978-3-7020-1946-4

ISBN 978-3-7020-1890-0

LEOPOLD STOCKER VERLAG
www.stocker-verlag.com
Graz – Stuttgart